Fabrice Jouhaud

Livre d'Or 2005 Football

Préface de Bixente Lizarazu

SOLAR

REMERCIEMENTS

Merci à Carole et à Salomé.
Un merci très spécial à Gérard Ejnès.

Directeur de collection : Renaud de Laborderie

ISBN : 2-263-03855-8
Code éditeur : S03855
Dépôt légal : septembre 2005
Réalisation : GRAPH'M
Imprimé en France par Mame, 37000 Tours

Ce sera une belle fête

Bixente Lizarazu

Quand j'ai décidé de quitter le Bayern après sept saisons en Allemagne, j'ai un peu idéalisé le retour en France. Finalement, c'était un sentiment étrange, l'impression de faire une marche arrière. À l'OM, j'ai tout fait pour éviter les comparaisons car c'était perdu d'avance vu ce que représente le Bayern Munich, mais je dois reconnaître avec le recul que la transition était énorme. C'était assez plaisant avec José Anigo, mais carrément insupportable après l'arrivée de Philippe Troussier.

En France, seul Lyon tire le football vers le haut. L'OL a trois ou quatre ans d'avance sur les autres car il a su trouver la formule qui fait la force des grands clubs européens : stratégie, professionnalisme, stabilité. En revenant à Munich, j'ai retrouvé tout cela. Des gens qui décident et assument, qui savent ce qu'ils veulent et sur lesquels tu peux compter. Le foot de haut niveau tel que je le conçois. C'était comme si je n'étais jamais parti. J'étais annoncé fini en France, j'ai terminé cinq mois plus tard meilleur latéral de Bundesliga, champion d'Allemagne, vainqueur de la Coupe et quart-finaliste de la Ligue des champions. Défi relevé.

Nous avons été sortis par Chelsea et je pensais que les Blues remporteraient la compétition. Liverpool les a éliminés in extremis et a remporté une finale spectaculaire et folle que seul le sport peut offrir. Je trouve ça sympa car j'avoue une préférence pour ces clubs de tradition comme Liverpool, le Milan ou le Bayern par rapport à une équipe comme Chelsea, trop vite promue « grand d'Europe » grâce à la fortune d'un homme dont elle se trouve dépendante.

C'était aussi ma première saison comme retraité de l'équipe de France. Je l'ai suivie de loin au début car j'avais besoin d'une vraie coupure. Je n'ai pas de nostalgie particulière à voir évoluer les Bleus car « mon » équipe de France est allée au bout de son aventure et a disparu. Je regarde donc ça de façon plus légère. Je souhaite simplement que la France ne passe pas à côté de la Coupe du monde. Ce sera une belle fête dans un pays qui a une vraie culture du sport, une vraie passion pour le football. Dans des magnifiques stades aussi, et je suis ravi de profiter de la nouvelle enceinte du Bayern cette saison. J'ai envie de la savourer en me disant que c'est peut-être la dernière et en respectant le degré d'exigence du club, à savoir gagner des titres. Je sais que la finale de la Ligue des champions aura lieu au Stade de France. Alors, même si je ne crois pas trop au happy end des films américains, si je pouvais terminer là-bas, ce serait royal.

SOMMAIRE

re, mais l'OM ne parvient pas à s'imposer à Nice (1-1).

les Caennais ne craquent pas face au Paris SG qui n'obtient qu'un nul chez le and (2-2).

Fiorese allu

À Gerland, pas de hurlem à Sochaux (1-1). Le Bordela joie. Contre Nice (5-1), il réus de la saison. Le capitaine paris est inquiet après le résultat nul (Caen : « Même s'il n'y a pas le feu au aux points a déjà commencé. »

La défaite à Toulouse (2-1) ensable ur les Parisiens. L'OM est tenu en échec à Nic On se bouscule en première ligne. Metz contr Lyon (1-1) et se retrouve dans le quintette de tête. Mais le match est terni par la fracture de la jambe du Brésilien de Lyon Giovane Elber.

Tandis que Paris, qui a mis à pied Fiorese et recruté Pancrate (Le Mans), poursuit son enlisement (2-2 au Parc contre Saint-Étienne, « mais il n'y a pas de crise », dixit Halilhodzic), Metz frappe le premier grand coup de la saison en s'imposant à Marseille (3-1). Borbiconi (89e) et Tum (90e) meurtrissent un OM qui ne s'attendait pas à ça. Le héros du match s'appelle Franck Ribéry, une sorte d'ailier droit à l'ancienne qui arrive de Brest (National). « À vouloir tout rafler, on a tout perdu », constate amèrement Anigo.

Metz est leader. Vainqueur de Lille (1-0, Frau 8e) dans un match au sommet qui s'ignore encore, Lyon est tapi à 2 points. « On fait tout à l'arraché », constate Le Guen, qui reçoit le renfort de l'international Sylvain Wiltord, en rupture d'Arsenal, et du jeune Brésilien Nilmar (20 ans, Porto Alegre). L'attaque lyonnaise est parée pour la grande aventure.

Dans la capitale, un véritable psychodrame ponctue le départ de Fiorese pour l'OM. « J'ai vomi en rentrant chez moi », dit Halilhodzic, qui agite la thèse du complot. Fiorese qualifie le PSG de « secte ». Anigo ne calme pas le jeu : « Ils ont mis le feu aux poudres, tonne-t-il. Ce sont eux qui assumeront la responsabilité de ce qui se passera lors des prochains PSG-OM. Fiorese a dit en arrivant qu'il avait quitté un camp militaire pour une famille. » L'attaque est frontale.

Après cette sale semaine, le PSG obtient match nul à Nîmes contre Istres (1-1), avec à la clé ce commentaire gouleyant du président Francis Graille : « C'est un mieux, car on ramène un nul. On a vu une très forte équipe d'Istres ». Quant à l'OM, il s'incline à Sochaux (2-0), et Anigo s'oublie : « Des tonnes de venin vont s'abattre sur nous. Avec ce qui nous attend, je vais voir qui a des c... dans le groupe. »

Au jeu des chaises musicales, c'est Toulouse qui tire le gros lot. Victorieux d'Ajaccio (3-1), le TFC plane. « On ne s'attendait pas du tout à ça », reconnaît le milieu de terrain Dalmat.

Plus Lyon que jamais

Avant de se blesser gravement et de se fâcher durement avec Lyon, Elber offre à l'OL sa première victoire de la saison à Nice (1-0).

Toujours pareil. Jamais pareil. L'été naissant est propice à la valse. Valse-hésitation, valse des entraîneurs, valse des millions, chacun la danse à sa façon. En échange de Drogba, vendu à Chelsea, Marseille reçoit 37 millions d'euros et récupère assez curieusement le fardeau de favori de la Ligue 1. Les 375 joueurs et entraîneurs consultés par *L'Équipe* lui accordent 28 % de chances de décrocher le cocotier, contre 25 % au PSG, 14 % à l'OL et 11 % à Monaco.
Pourtant, Lyon, triple champion, brille par sa stabilité tandis que, outre Drogba (« Si j'avais écouté mon cœur je serais encore à l'OM. »), Marseille perd son grand espoir Flamini (« Ma priorité, c'était l'OM. »), parti à Arsenal à la grande colère de l'entraîneur José Anigo. Les arrivées de Déhu (PSG), Luyindula (OL), Pedretti (Sochaux), Eduardo Costa (Bordeaux) et Lizarazu (Bayern) masquent la perte de deux éléments emblématiques.
Quant à Monaco, il est allé faire son marché dans la Série A voisine. L'Uruguayen Chevanton (Lecce) et le Sierra-Léonais Kallon doivent compenser les départs de Giuly (Barcelone), Rothen (PSG), Prso (Rangers) et Morientes (Real Madrid). Saviola (Barcelone) les rejoindra bientôt.
Maintenant, attachez solidement vos ceintures. Ce récit est déconseillé aux âmes sensibles. Voici le championnat de toutes les folies, de toutes les angoisses, de toutes les démesures.
Lyon culbute son premier rival, ce qui ne lui était plus arrivé depuis 1981 (sept défaites, huit matches nuls). Pas de chance pour Nice, qui fêtait ses 100 ans. Elber est passé par là (77e).
L'OM, besogneux, attend la fin du temps additionnel (90e+4) pour terrasser Bordeaux. Son sauveur s'appelle Battles, entré à la 78e minute. Sa frappe lointaine et fracassante soulève le Stade Vélodrome. « On verra le vrai Marseille à partir de septembre », prévient Pedretti.
Un but de Chevanton (2e) suffit à Monaco pour s'imposer à Saint-Étienne. Par le biais d'un succès sur Auxerre (2-0), Lille est le premier leader.
Un leader qui passe le témoin à l'OM, son bourreau du jour, une semaine plus tard (3-0). Bamogo, Marlet et Costa sont les artificiers d'un succès qui enflamme le stade et arrache à Lizarazu ce cri du cœur : « Pour une première, je ne pouvais pas rêver mieux. C'est exactement ce que je voulais connaître en signant ici. »

Battles malmène Chamakh, mais surtout Bordeaux, qu'il a

Débuts réussis dans le championnat pour l'Uruguayen Chevanton. Sa frappe surprend Camara et terrass

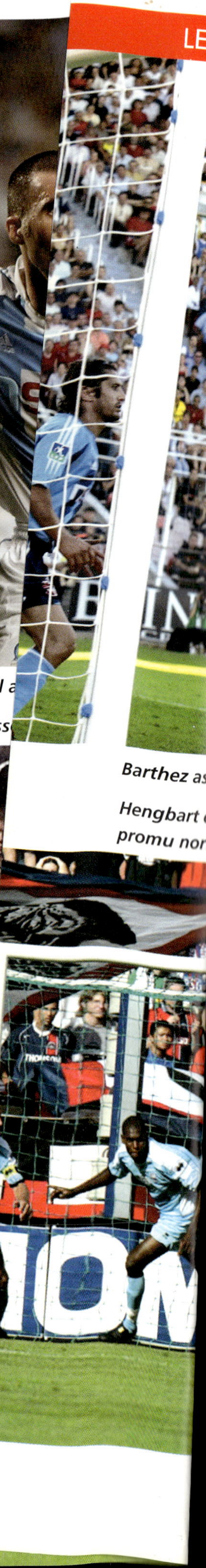

Barthez as

Hengbart
promu nor

Fracture de la jambe pour le Lyonnais Elber face à Metz.

Fiorese, vedette d'un feuilleton de l'été.

Ribéry ne passe pas inaperçu au Vélodrome où Metz s'impose (3-1), plongeant l'OM, Ferreira et Beye dans le doute.

Bijotat, premier de cordée

L'OL n'est devancé qu'à la différence de buts. Les gones se sont imposés à Rennes (2-1) grâce à un doublé de Nilmar (81e et 87e), entré en jeu à la 74e minute. « C'est un match de rêve ; je ne connaissais personne dans l'équipe », explique le débutant.

Le PSG est en plein cauchemar. Il s'incline à domicile devant Monaco (1-0, Adebayor 83e). Le réjouissant Francis Graille a le moral : « Il y a du mieux, dit-il. On a réussi une belle première mi-temps. »

L'OM ne fait pas de belle mi-temps. Il sort même sous les sifflets du Vélodrome. Mais, grâce à un formidable Barthez et à un but de Luyindula (35e), il bat Toulouse (1-0). « On ne peut se satisfaire de cette prestation », reconnaît honnêtement Pedretti.

Auxerre écrase Metz (4-0) et revient fort. Monaco prend les devants car Lyon perd encore 2 points à Gerland (0-0 contre Bastia).

L'Ajaccien Dominique Bijotat ouvre pour sa part le bal des entraîneurs virés. Olivier Pantaloni le remplace. En attendant l'éternel Rolland Courbis.

Halilhodzic est toujours là, mais il ne va pas bien. Après un nul à Lens (2-2), Paris est dix-huitième. Toujours aussi faibles dans le jeu, les Parisiens mènent 2-0 avant de craquer (Bak 82e, Hilton 86e). « Tout n'est pas la faute de Halilhodzic, tout n'est pas la faute des joueurs », explique « Salomon » Cana.

Anigo n'est guère mieux loti après une défaite à Rennes (1-0). Même si Lizarazu monte au créneau pour défendre les siens : « Il faut avoir de la m... dans les yeux pour ne pas voir les très bonnes choses que nous avons réalisées. »

C'est de loin, ou de très loin, que l'OM et le PSG contemplent les sommets. Monaco s'arrache contre Nantes (2-1, but de Kallon 90e+1), l'OL déroule à Toulouse (2-0, Essien et Malouda).

Le premier sommet du championnat est annoncé. L'OL reçoit Monaco. L'affrontement est aussi décevant que son score (0-0). « On reste invaincus, mais on ne peut pas être totalement satisfaits de notre parcours », déclare Le Guen. Deschamps, le Monégasque, évoque un « match de haut niveau » qu'il est bien le seul à avoir vu.

L'OM respire aussi un peu mieux après son succès contre Bastia (1-0, but du sauveur maison Battles 78e). Et Lille va franchement bien. Il écrase Metz (4-0) et partage la deuxième place avec l'OL à 1 point de Monaco, qui s'apprête à recevoir Nice, son modeste « meilleur ennemi ».

À l'heure de jeu, le leader déroule (3-0, Saviola et un doublé d'Adebayor). Ce qui suit est inexplicable et rarissime. En un quart d'heure, Nice marque quatre fois (Agali 67e, 72e, 74e, Vahirua 82e). « Pourtant, Roma a été très bon, commente le buteur roi, mais c'est moi qui ai eu le brin de chance. » Deschamps est dans les cordes : « Ça fait mal, très mal, soupire-t-il. On n'a pas trop vu le danger venir. Moi le dernier. On n'a pas le droit de perdre un tel match. »

La grande colère des Verts

L'OM se remet à rêver après son succès à Istres (2-0) : « J'ai vu des choses intéressantes, mais il ne faut pas oublier qu'il y a quinze jours on était bons à jeter aux orties », dit Anigo.

Antoine Kombouaré ne dit plus rien après la défaite à domicile contre Nantes (2-0). Strasbourg est dernier. Jacky Duguépéroux le remplace. Et de deux !

Le Guen n'a rien à craindre. À Geoffroy-Guichard, l'OL s'impose aux forceps dans le derby (3-2, égalisation de Juninho 87e, but victorieux de Govou 90e+2). Pourtant, l'OL n'est toujours pas leader. Malgré son marathon européen commencé en Coupe Intertoto, Lille, vainqueur à Rennes (1-0, Moussilou 65e), le devance à la différence de buts. « C'est assez incroyable après avoir joué tous les trois jours, dit Claude Puel, l'entraîneur lillois. C'est une récompense pour un groupe qui a pris confiance. Et on a l'ambition de rester le plus longtemps possible avec les équipes de tête. »

Deux semaines plus tard, en battant Bastia (2-1), Lille fait le métier. Mais l'OL écrase Caen (4-0) et passe en tête pour la première fois de la saison. Pour un petit but de plus.

Le troisième triplé de la saison est pour le Brésilien de Sochaux Ilan (3-0 contre Rennes). « C'est comme ça, explique ce nouveau venu. La semaine tu travailles, et le samedi, toc toc toc, ça finit par rentrer. » Parfois le foot est si simple...

Pour l'OM aussi, ça finit par rentrer, mais miraculeusement (Koke 90e+5) et pour un simple résultat nul contre Saint-Étienne (1-1) au Vélodrome. « Et pourquoi pas dix ou douze minutes de temps additionnel ? rage Élie Baup, l'entraîneur des Verts. On a tout fait pour que l'OM gagne. » Après dix journées, Marseille n'est qu'à 5 points de Lyon et de Lille, qui rétrograde après un court échec à Toulouse (1-0, Eduardo 89e).

Comme l'OM et Monaco (1-1) se neutralisent (« un bon match », selon Anigo, « un bon point », selon Deschamps), Lyon s'évade sans réussir de merveilles. « Nous n'avons été ni très opportunistes ni très adroits », constate Le Guen après le petit succès contre Strasbourg (1-0, Frau 67e). Lille, vainqueur de Saint-Étienne (1-0, Dumont 9e), tient la cadence. « C'est peut-être l'année du LOSC », dit son capitaine Philippe Brunel.

Page précédente.
En haut à gauche : Barthez a le visage sombre d'un joueur parti pour une vraie galère.
En haut à droite : en écrasant Metz (4-0), Auxerre revient vers le haut du tableau.
En bas à gauche : Adebayor trompe Letizi, Monaco s'impose au Parc des Princes.
En bas à droite : face au Nantes de Cetto, Adebayor symbolise la hargne de Monaco qui gagne (2-1).

En haut à gauche : Agali marque trois fois contre Monaco que Nice met sens dessus dessous.
En haut à droite : même la tête en bas, Lyon domine son affaire. Caen s'incline 4-0 face aux partenaires de Govou.
En bas à gauche : à Nîmes, Fiorèse et l'OM dominent Istres et Dumoulin.
En bas à droite : miracle au Vélodrome où Koke évite la défaite de l'OM contre Saint-Étienne dans les arrêts de jeu.

Certains y verront un mauvais présage, mais à l'occasion de la treizième journée un certain PSG-OM tient le haut de l'affiche. Il est puant d'amont en aval. Encore pire que tout ce que l'on pouvait craindre. Pourtant, avant l'heure, Pedretti plaisantait : « Grâce à Déhu et Fiorese, on va peut-être se prendre quelques cailloux de plus sur la tête. Non, franchement, je ne suis pas inquiet. »
Il a bien tort, le naïf Marseillais. Anigo a tenté de calmer le jeu : « Ce match doit rester une fête. Tout ce qu'on a pu dire avant Vahid et moi, il faut l'oublier. »

Le Parc de la honte

Plus de 1 200 CRS n'empêchent pas que le car marseillais soit caillassé à quelques encablures du Parc des Princes, ni qu'Armand soit expulsé pour un affreux tacle sur Fiorese (20e). Ni que Fiorese soit la cible d'objets divers et d'injures chaque fois qu'il tire un corner sous la protection de boucliers policiers.
D'une certaine façon, le PSG se fait voler un joli succès (2-1), qui passe presque au second plan. Pauleta ouvre le score (32e). L'inévitable Battles réplique (32e), et Cissé, d'une frappe en lucarne, assomme l'OM (70e).
Anigo est défait : « Je suis le premier responsable, mais on ne peut pas nous reprocher notre organisation. Seulement notre manque d'implication. Que chacun joue son rôle, ce ne serait déjà pas si mal. »
À Lyon, chacun joue son rôle, même les adversaires en panique. À Lens, l'unique buteur de l'OL s'appelle Charles Itandje. Le coup de tête du défenseur Bak rebondit sur le poteau, puis dans le dos du gardien nordiste (35e).
Seul Lille, vainqueur à Istres (2-0) avec une bande de petits nouveaux (Angbwa, Dante, Debuchy, Cabaye, Odemwingie), tient la cadence à 1 point. Mais Auxerre, troisième, est déjà à sept longueurs.
Quand l'OM accueille Strasbourg, une seconde défaite contre Paris en Coupe de la Ligue (3-2)

En haut : seuls Lille et Odemwingie (ici face à l'Istréen Leugueun) tiennent le rythme de Lyon.
Au milieu : Armand expulsé lors d'un PSG-OM puant.
En bas : l'OM et Déhu sombrent à Ajaccio où le Brésilien Lucas est efficace.

a fait d'énormes dégâts. « Anigo ne sera pas le mouton noir », affirme le manager sportif Pape Diouf. « Il est hors de question que José s'en aille », confirme Fabien Barthez.

La grève des supporters n'arrange rien. Il faut un immense Barthez pour empêcher l'OM de craquer en première période. Deux buts de Bamogo (53e) et Koke (70e) évitent le drame. « Je reste, dit Anigo. Les joueurs m'ont assuré de leur soutien. En restant, je leur renvoie l'ascenseur. »

Ailleurs, rien de changé sous la lune de la L1. Lyon bat Nantes (2-0) et Bordeaux matraque (3-0) le PSG, qui ne peut quand même pas toujours affronter l'OM.

Lille et Monaco font match nul (1-1). L'OL a posé sa poigne de fer sur la compétition, mais c'est Marseille qui continue à alimenter l'actualité : « Le résultat à Ajaccio ne sera en rien déterminant pour le staff sportif », affirme Pape Diouf avant le déplacement en Corse où les Marseillais sont battus (2-0) et ridiculisés. Diouf est sonné : « C'est un terrible échec. Les joueurs étaient amorphes. Mais je ne suis pas une girouette, Anigo n'est pas menacé. »

L'OM fait le ménage

Des mots aux maux il n'y a qu'un pas. L'OM va vivre l'une des plus extravagantes semaines de sa pourtant très riche histoire en la matière. Anigo démissionne. Son adjoint Albert Emon le remplace. Le lendemain, l'arrivée de Philippe Troussier est annoncée en provenance du Qatar via le Japon. À peine Pape Diouf a-t-il le temps de tresser ses louanges (« Il fallait quelqu'un qui ait du courage et de l'expérience, quelqu'un qui soit en mesure de se faire entendre. ») que le président Christophe Bouchet, épuisé (« Le pouvoir à l'OM use dix fois plus vite qu'ailleurs. Je dois me protéger et protéger les miens. »), annonce à son tour sa démission.

L'OM est en miettes, à charge pour son président, Robert Louis-Dreyfus, qui vole d'échec en échec en toute impunité, de le reconstruire. La victoire contre Nantes (3-1), avec Emon sur le banc et Anigo et Troussier côte à côte dans la tribune, ramène un semblant de calme.

Entre-temps, le PSG et l'OL ont fait match nul (0-0) et c'est Paris qui a piqué sa crise. Frappés d'hystérie, les deux mabouls du championnat se relaient dans l'excès et l'incohérence. Énervé par l'expulsion de Yepes (23e), Halilhodzic s'en prend vertement à l'arbitre Alain Sars qui, lassé de tous ces postillons, renvoie Coach Vahid et son adjoint Baronchelli en tribune. Paris est sur un chemin de croix. Halilhodzic sera suspendu deux mois. Et Rothen quatre matches. Il a insulté M. Sars au repos d'un match que, blessé, il ne disputait pas.

Cette éclipse de soleil qui s'abat sur le championnat fait de l'ombre à tout le monde. À Jérémy Menez par exemple, 17 ans et demi, auteur de son premier but en L1 lors d'un brillant succès de Sochaux à Monaco (3-1). À l'OL aussi, forcément, qui s'impose face à Auxerre (2-1, Wiltord 5e, Juninho 29e) et profite du match nul Lille contre Strasbourg (1-1) pour creuser les premiers grands écarts. Après seize journées, Lille est à 5 points, Sochaux, Auxerre et l'OM à 11. L'OM s'impose avec beaucoup de chance à Caen (3-2), sans Luyindula, Pedretti et Lizarazu, écartés par l'impitoyable venu d'ailleurs.

Lyon pense avoir réussi un hold-up quand Juninho ouvre le score à Ajaccio (88e), mais Lucas égalise (90e+3). « Je ne comprends pas comment Lyon a fait pour ne pas perdre ce match, s'exclame Courbis. Je comprends donc son classement. »

La trêve approche. Lyon fait forte impression, même quand il ne gagne pas. Après un résultat nul à Bordeaux (0-0), Rio Mavuba dresse le constat suivant : « On a l'impression d'un rouleau compresseur qui vous arrive dessus. En championnat de France, l'OL c'est au-dessus. »

Menez, 17 ans, inscrit son premier but en Ligue 1 contre Monaco (3-1).

Le président de l'OM, Christophe Bouchet, s'en va.

Philippe Troussier arrive à Marseille. Il remplace José Anigo.

Landreau sort les couteaux

Ce n'est pas le cas de l'OM, qui s'incline au Vélodrome face à Auxerre (1-0, Benjani 62e). Puisqu'il s'agit du club de tous les paradoxes, Troussier est heureux : « Cette équipe n'est pas malade. Je lui mets 15 sur 20. »

À peine sorti de son naufrage européen, le PSG s'impose à Sochaux (2-1, doublé de Pauleta) et sauve à coup sûr la mise à son entraîneur. « S'il y avait eu une nouvelle fausse note on pouvait exploser », avoue Pierre-Fanfan.

Pour boucler la première boucle, Lyon, sur son terrain, concède un résultat nul à l'OM (1-1, Luyindula 3e, Govou 30e).

Le temps de s'arrêter sur un 4-3 entre Auxerre et Nice avec sept buts inscrits entre la 45e et la 63e minute, sur une victoire 3-0 du PSG sur Metz marquée par une violente et horrible fronde des supporters, qui coûtera au club un match à huis clos et une place au bilan de fin d'année. Lyon possède 3 points d'avance sur un Lille très pugnace, 7 sur Auxerre, 9 sur Monaco, 10 sur l'OM. La voie d'un quatrième titre consécutif est dégagée.

Comme il aurait été trop simple de souffler un bon coup pendant les fêtes, Nantes rompt la trêve des confiseurs. Le capitaine Mickaël Landreau déglingue son entraîneur (« On joue comme on s'entraîne. Je ne connais toujours pas les grands principes de jeu de notre entraîneur. ») et son président (« À part lui, il ne veut pas que les gens existent. Il y a un véritable rejet à son encontre. ») dans les colonnes de *France Football*. Ses équipiers le soutiennent. Pour sauver sa tête, le président Gripond sacrifie celle de Loïc Amisse, remplacé par un autre ancien de la maison jaune, Serge Le Dizet. Et de quatre !

À Istres, Xavier Gravelaine remplace Mehmet Bazdarevic. Et de cinq !

Quand Marseille remonte au front, à Lille, c'est sans Lizarazu, reparti vivre sa vie de champion au Bayern Munich. Moins inhibé loin de ses bases, l'OM fait fort (2-1, Marlet 3e, Nasri 22e). « Nous sommes encore un peu tendres », concède Puel. Du côté de l'OL, les contre-performances sont rares. La victoire à Sochaux en est une nouvelle preuve (2-0). « On a vraiment fait un bon match, estime Le Guen. On est sur le bon chemin pour conserver le titre. »

À l'image de Lyon, Lille n'est pas du genre à se laisser abattre. Les Nordistes s'imposent à Bordeaux (3-1, buts de Debuchy, Brunel et Audel) pendant que l'OL écarte Metz (2-0). Coup de chapeau à Istres, qui s'impose à Lens (1-0, but de Saïfi). L'entraîneur lensois Joël Müller a du mouron à se faire.

Relations tendues à Nantes où Landreau estime ne pas connaître les « grands principes de jeu » de Loïc Amisse.

Lille relance le championnat

L'OM enchaîne enfin contre Nice (2-0, Luyindula 3e et 15e). « On s'inscrit sur la durée, on reste en éveil », explique Troussier qui commence à ressembler au sorcier annoncé après un nouveau succès à Metz (1-0, Luyindula 25e). Barthez, qui a multiplié les sauvetages, demeure prudent : « On ne peut pas dire qu'il s'agit d'un nouvel OM parce qu'on sait que dans le foot tout va très vite. »

Si vite que l'on se prend presque à imaginer un championnat relancé après la première défaite de l'OL à Lille (2-1). Moussilou ouvre le score après s'être débarrassé de Réveillère et Diatta (3e). Lyon domine, mais Tony Sylva est héroïque. Et quand le gardien lillois s'incline enfin sur un penalty de Juninho (77e), son équipe s'est déjà mise à l'abri par Moussilou (68e). « On a relancé le championnat, se réjouit le double buteur, mais ce sera difficile d'aller les titiller. » « Ça fait mal, j'aurais aimé rester invaincu », gémit le gourmand Le Guen.

L'OL n'a plus que 3 points d'avance sur Lille, 6 sur Monaco, 7 sur Auxerre et l'OM. Mais Coupet prévient : « L'OL est une équipe orgueilleuse, qui trouvera dans cette défaite une source de motivation. » Rennes l'apprend à ses dépens, qui est exécuté en deux minutes (2-1, Bergougnoux 44e, Govou 45e). « On n'avait pas vraiment besoin de se rassurer », lâche Bergougnoux, un peu hautain.

À Nice, Lille croit avoir partie gagnée (Acimovic, 38e, malgré l'expulsion de Tavlaridis, 60e). Cobos égalise dans le temps additionnel du temps additionnel (90e+5).

Dans un Parc glacé où une frange de supporters est toujours aussi odieuse, Paris touche le fond contre Istres. Le PSG mène 2-0 puis se laisse rejoindre (2-2). Pauleta est implacable : « Ce n'est pas une équipe de qualité. Elle ne peut pas faire mieux que ça. »

Après le remplacement de Müller (et de six !) par son adjoint Francis Gillot, Lens s'incline à Bollaert contre Caen (1-0). Bonjour l'effet psychologique. « Pour une première, c'est dur », soupire le petit dernier.

Autre soupir, et même « grande désillusion » selon Troussier, après la nouvelle défaite à domicile de l'OM contre Sochaux (2-0).

Son équipe souffre du complexe du Stade Vélodrome, mais voyage en revanche le cœur léger. La victoire à Toulouse (3-1) en est la preuve. « Nous n'avons jamais tremblé », dit Barthez. Battles a ouvert le score d'une frappe monumentale en lucarne (12e).

Lille ralentit à Caen (0-0), Monaco poursuit un rapproché grâce à un facile succès sur un faiblissime PSG (2-0). Halilhodzic continue à parler d'Europe et martèle : « Je ne démissionnerai jamais. »

Halilhodzic paie l'addition

L'OL se contente d'un match nul (1-1) en deux temps à Bastia (match reporté à cause de la neige). Essien ouvre le score (20e). Le Bastiais Uras est expulsé (44e) et Chibomda égalise (50e).

« Il ne faut pas dramatiser. Il n'y a pas de crise. Il ne faut pas tirer la sonnette d'alarme », déclare le défenseur Réveillère, que l'on veut bien croire. Après vingt-quatre journées, Lyon a toujours 5 points d'avance sur Lille et 7 sur Monaco, qui compte un match en retard.

Une avance qui enfle après la claque infligée à Toulouse (4-0). Juninho inscrit deux coups francs magiques. Le gardien toulousain Revault préfère en rire : « Il y en aurait eu dix il aurait mis les dix. »

Lille est freiné par Sochaux (0-0). « Nous faisons du surplace », reconnaît Puel. Monaco est bloqué par Nantes 0-0. L'OM (3-1 contre Rennes, dont un nouveau but fantastique de Battles) en profite pour se hisser à la troisième place à 8 points de l'OL mais à 1 point seulement de Lille. Marseille semble avoir retrouvé le droit chemin.

Le PSG en revanche est perdu corps et âme. Il s'incline au Parc des Princes devant Lens (2-0). Spectacle lamentable, ambiance lamentable, classement lamentable, Paris coule.

« Il nous faut un électrochoc », admet Pierre-Fanfan.

Pas si facile pour Francis Graille. Sous la pression du sponsor Canal + il tranche pourtant la tête de son ami Vahid Halilhodzic. Et de sept ! Laurent Fournier, grand ancien du club, le remplace. « J'ai fait fi de notre amitié. On allait dans le mur », déclare Graille. « On ne m'a pas laissé finir le boulot », lâche Coach Vahid dépité. Le football n'est pas aussi patient.

En haut : Juninho va marquer son penalty, mais l'héroïque Sylva et Lille seront tout de même les premiers à dominer le champion de France (2-1).
Au milieu : Jeunechamp et Rennes croient à l'Europe, mais déchantent face à Lyon (défaite 1-2).
En bas : Wiltord inscrit le premier des trois buts lyonnais face à Saint-Étienne (3-2).
À droite : le PSG perd contre Lens (0-2). Halilhodzic perd son poste.

Sauf sur le terrain, où tout vient parfois à point, un tout petit point, à qui sait attendre. En accueillant l'OL, Monaco abat sa dernière carte pour le titre et croit l'avoir bien jouée après l'expulsion d'Essien (64e) et le but de Rodriguez (84e), son premier en L1. Hélas pour les Monégasques, c'est le jour de chance de Jérémy Clément. Relégué en tribune, il rejoint le banc après la blessure à l'échauffement de Réveillère, puis entre en jeu après Bergougnoux (46e). Ce Clément venu de nulle part égalise de la tête quand tout paraît fini (90e+5). « Même de la tête, à l'entraînement je ne marque jamais », dira-t-il dans un grand sourire. « Ça fait très mal », se lamente Deschamps, qui vit une saison de souffrances.
Lille tenu en échec à Metz (1-1), « un match costaud », dixit Puel, voici l'OM à son apogée de la saison grâce à son succès chanceux à Bastia (1-0). Un improbable tir lointain de Pedretti fait mouche (62e). « Début janvier, l'équipe avait perdu son football, explique Troussier. Alors ne nous prenons pas la tête avec la première place. » L'OM est à 6 points de l'OL.
Paris est toujours en galère à l'autre bout du classement (treizième à 23 points de Lyon) après une nouvelle défaite à Strasbourg (3-1). « Jouer comme ce soir, ce n'est pas possible », râle Pauleta, qui a raté un penalty.

Marseille pris dans les glaces

Le penalty parisien suivant est tiré et réussi par Benachour contre Bastia (1-0) dans un Parc sinistre, frappé par le huis clos. Absent depuis quatre mois, Rothen est de retour.
Il y a beaucoup plus d'ambiance à Gerland, où l'OL bat de nouveau Saint-Étienne 3-2, mais plus facilement qu'il y paraît. À 0-0, les Verts se laissent briser en quatre minutes (Wiltord 45+2, Malouda 47e, Frau 49e).
Plus personne n'arrive à suivre le bolide lyonnais. Monaco s'incline encore une fois contre Nice (2-1). Le jeune Brésilien Ederson, 19 ans, inscrit le but victorieux d'un lob exceptionnel de 35 mètres. « C'est dur à avaler, se lamente Givet. Nice tire deux fois et met deux buts. Pour le titre, c'est compromis. »
Compromis aussi pour l'OM, tenu en échec au Stade Vélodrome par Istres, son voisin (1-1). Compromis également pour Lille, qui concède son 5e match nul d'affilée (0-0 contre Rennes). « Nous souhaitons rester au moins dans les cinq premiers », explique modestement Brunel.
Sur un terrain épouvantable et en vérité injouable – le président Aulas le fait même constater par huissier –, Lyon entretient à sa façon un maigre suspense en s'inclinant à Caen (1-0, Mazure 72e). « Ça ressemblait à du beach soccer », dit Juninho. « Caen a mérité sa victoire », tranche Coupet.
De toute façon, l'OL peut dormir sur ses deux oreilles. Monaco bute sur Metz au stade Louis-II (0-0). Sous la pluie et la grêle, Lille s'incline à Bastia (3-1). Auxerre chute à Lens (3-1). Et, pour bien profiter de la neige de mars, avec vingt minutes de retard et sur un terrain totalement impraticable, l'OM perd à Saint-Étienne (2-0). « C'était bien avec des patins, pas avec des crampons », analyse Barthez qui a préféré se faire porter pâle au tout dernier moment.
Huit jours plus tard, sur sa pelouse, l'OM est encore trimbalé, mais s'impose avec beaucoup de réussite contre Lens (2-1). Marlet inscrit les deux buts (31e et 72e). Troussier a vu « une grande équipe de l'OM, un signe prometteur pour assumer la place de deuxième ».

Zikos et Bernardi impuissants face à Bergougnoux : Lyon repart de Monaco avec 1 point.

À Ajaccio, Monaco, « venu faire du tourisme » selon Didier Deschamps, s'effondre (0-3).

Face à Istres, Lyon ne rigole pas (2-1). Govou inscrit le but décisif à la 78e minute. Et Bakayoko rate une énorme possibilité d'égaliser dans le temps additionnel. « On s'est vraiment fait une grosse frayeur à quelques secondes de la fin, avoue Le Guen. J'en suis à peine remis. Mais on se rapproche de l'objectif. »

La promenade de l'OL

Le PSG se rapproche plutôt de la relégation. Sa défaite à Ajaccio (1-0, André Luiz s.p. 16e) est navrante. Pas une occasion pour les Parisiens ! « Ce qui s'est passé est honteux », grogne Pierre-Fanfan.

Comme Auxerre et Monaco se sont neutralisés (2-2), comme Lille n'a pas su battre Toulouse (1-1), à neuf journées de la fin l'OL possède 8 points d'avance sur l'OM, 11 sur Lille, 12 sur Monaco accroché à Strasbourg dans son match en retard (0-0). Cela s'appelle une promenade de santé.

Elle se poursuit à Strasbourg, où les Lyonnais s'imposent par la plus petite des marges (1-0, Wiltord 59e), mais au bout d'une véritable démonstration. « Dans le jeu, il n'a rien manqué, raconte Coupet. Je n'ai rien eu à faire. »

Comme Monaco bat l'OM (2-1), que le PSG bat Auxerre (1-0), que Lille obtient match nul à Saint-Étienne (0-0), le sacre de l'OL apparaît inéluctable. L'OM, toujours deuxième, est à 11 points. Il reste huit journées.

Et quand il n'en reste plus que sept, l'OL a repoussé son second à 13 points. Un but de Juninho (65e) suffit à écarter Lens (1-0). « Il faut reconnaître que l'on est vraiment bien placés », ose Le Guen.

Monaco s'effondre à Ajaccio (3-0). « Une équipe jouait sa vie, l'autre était venue faire du tourisme », commente Deschamps écœuré.

Lille ne fait pas les choses à moitié. Il obtient son premier succès depuis deux mois et sa victoire sur Lyon. Sa victime, Istres, n'est pas venue pour rien : 8-0 avec quatre buts de Moussilou à la clé, dont trois en six minutes, record du hat-trick le plus rapide en championnat ! « C'est une honte, une démission », déclare Gravelaine.

Très pris par ses tâches européennes, l'OL joue sur la réserve à Nantes, où il est mené 2-1 en seconde mi-temps. Le Guen incorpore Govou, Malouda et Wiltord. Frau égalise (83e). « Je me contente de ce point », dit l'entraîneur lyonnais, qui n'est plus effectivement à un ou deux points près.

Ce n'est pas vraiment le cas de l'OM, torpillé dans le temps additionnel à Strasbourg (1-0, Niang 90e+4). Troussier fait mine de protéger les siens : « Je n'ai rien à reprocher à mes joueurs », dit-il. En foi de quoi, quelques jours plus tard, il se bat avec Hemdani lors d'un entraînement. La méthode Troussier n'est vraiment pas taillée pour Marseille. Le divorce est annoncé. Et la chute de l'OM écrite. Conduit par l'excellent Demont, Ajaccio s'impose au Stade Vélodrome (2-1). Troussier ne peut plus faire semblant : « C'est une cruelle déception, dit-il, une contre-performance qui fait mal. »

Le gros coup du PSG

À Bastia, Michel Padovani remplace François Ciccolini. Et de huit ! Le Sporting bat Toulouse (2-1). En bas de tableau, la guerre fait rage pour éviter les trois dernières places. Caen s'impose à Nice (1-0). « Il ne faut pas céder à la panique », implore l'entraîneur niçois Gernot Rohr. Nantes gagne à Bordeaux, (2-0) dont l'entraîneur Michel Pavon se dit « presque honteux ».

Tout là-haut, l'OL, de retour d'Eindhoven le moral en bandoulière, craque à Gerland contre le PSG (1-0, Ljuboja 45e+2). Dans ses buts, Alonzo a fait du bon boulot. La chance a fait le reste : « On a eu de la réussite, reconnaît Fournier. Sur la première mi-temps, cette victoire n'est pas vraiment qui accompagneraient Istres dans la charrette des condamnés, mais il reste deux journées, et quelles journées !

Rennes fonce sur l'Europe

Personne n'accepte de perdre parmi ceux qui s'étripent dans ces ultimes combats souterrains dont les étincelles embrasent parfois le toit du bâtiment.

Ajaccio s'impose à Lille sur deux frappes lumineuses de Ouadah (11ᵉ) et Robin (71ᵉ). « Comme je le craignais, constate Puel, nous jouerons la deuxième place à Auxerre. Mais on est toujours plus performants quand on a le dos au mur. »

Du côté de Monaco, on se reprend à rêver de la deuxième place. À Bordeaux (1-1), les Monégasques égalisent in extremis (1-1, Chamakh 79ᵉ, Squillaci 92ᵉ), plongeant les Girondins dans le désarroi et la peur.

Si Courbis l'Ajaccien trouve ce championnat « un peu bizarre, puisque maintenant il faut 45 points pour se maintenir », Éric Bedouet, le Girondin qui assure l'intérim de Michel Pavon malade, se raccroche aux branches : « Nous tenons encore notre destin entre nos mains », dit-il.

C'est aussi le cas de Metz, vainqueur du PSG (3-2). De Caen également, mené 2-0 à Toulouse et auteur d'un formidable retour (3-2, Mazure 71ᵉ, Ben Askar 80ᵉ, Hangbart 82ᵉ).

Ce n'est plus le cas en revanche pour Bastia (18ᵉ), malgré son succès sur Lens (2-1), et encore moins pour Nantes, très malheureux à Sochaux. Le jeune gardien Alexis Thébaux, 20 ans, remplaçant de Landreau, blessé, marque l'unique but contre son camp quand un coup franc d'Ilan rebondit sur le poteau puis sur son dos (11ᵉ). « On est au bord du gouffre, soupire le milieu de terrain Savinaud. Il ne nous reste que 1 % de chances. » Nantes est le plus vieux pensionnaire d'une élite qu'il fréquente depuis quarante-deux ans.

Cette furieuse bataille pour la survie pourrait presque occulter le succès de l'OL à Marseille sur un fantastique but individuel de Juninho (1-0, 54ᵉ). Couplé à l'écrasante victoire de Rennes sur Strasbourg (4-0), il éloigne grandement l'OM de sa dernière bouée de sauvetage, la Coupe de l'UEFA. Déhu parle d'une « immense désillusion ».

Nantes miraculé

L'ultime journée est un torrent d'émotions. Rien ne se passe comme prévu. Rennes dérape au Parc des Princes (1-0, Pauleta, 53ᵉ) et croit avoir tout perdu. Mais ni l'OM, tenu en échec à Bordeaux (3-3) et devancé à la différence de buts – « Il y a de quoi enrager », affirme Papé Diouf –, ni Saint-Étienne, auteur d'un bon match nul à Monaco (1-1), n'en profitent.

Un an après les Lyonnais, sacrés champions ici même après une défaite, d'autres battus, bretons cette fois, font la fête au Parc des Princes. C'est la première fois que Rennes se qualifie pour l'Europe par le biais du championnat. Lille est également en pâmoison. Sa victoire à Auxerre (3-1) l'installe définitivement à la deuxième place et le propulse directement en C1. « C'est magnifique et extraordinaire », dit Brunel les yeux pleins d'étoiles.

Mais la plus incroyable, la plus inattendue, la plus énorme et pour tout dire la plus décalée des réjouissances du jour se déroule à Nantes. « C'est notre finale, avait dit Landreau. Metz joue aussi sa peau ; ça va être terrible. » « Nantes n'a rien à faire en L2, avait dit Fae. On doit maintenir le club, nous n'avons pas le choix. » « Il faut qu'une pluie de paillettes s'abatte sur La Beaujoire », avait dit Le Dizet.

Nantes fait son travail en battant Metz (1-0, Diallo 40ᵉ). Comme Ajaccio fait le sien en battant Sochaux (3-1), comme Bordeaux a conquis son ultime et vingtième résultat nul de la saison, comme Metz conserve 1 point d'avance sur les Canaris, il faut l'aide de Strasbourg vainqueur de Bastia (2-0) – « Personne ne nous a fait de cadeau, comme s'il fallait sauver Nantes et Bordeaux », râle Padovani –, et celle, inattendue, d'Istres, victorieux de Caen (3-2) – « Tellement d'efforts sont anéantis par cet échec », soupire Dumas –, pour permettre aux Nantais de rester dans ce paradis qu'ils pensaient déjà perdu.

Des milliers de supporters envahissent la pelouse. Les joueurs sont acclamés dans un indescriptible délire. Un observateur non avisé jurerait que c'est un titre qui se fête en ce lieu. « C'est encore plus beau que le titre 2001, dit d'ailleurs Savinaud. C'est énorme. » Ce qu'on a vu ce soir est incroyable et magique », ajoute Landreau.

Le championnat a rendu tous ses verdicts dans un dernier moment de grande passion où l'on oublierait presque que Lyon a tout dévoré, tout écrasé. Ainsi va la gloire éternelle de cet incomparable feuilleton annuel, creuset de tous les sentiments et de toutes les émotions. Toujours pareil. Jamais pareil.

Nantes, champion de France ? Non, Savinaud et La Beaujoire fêtent simplement le maintien obtenu lors de la dernière journée.

Angl
qui f
Wilto
de Fr
sauv

Va

L'OL
cunie
Junin
ricair
dont
légen
l'aver
coup
les (4
juste
supér
avoue
telroc
néces
de le
que l'
profit
repris
et plu
Néerla
par Ab
Van N
timètr
Un sa
empê
(69e),
Howar
Malou
trouve
de son
Manch
l'OL a
rence
telle é
Guen.
nous a
casion
match,

En hau
lyonna
des ch
Au mi
notam
Cris d
En bas
car Va
et de r

Lyon, champion de France ? Oui, pour la quatrième fois d'affilée, ce qui permet à l'OL de rejoindre Saint-Étienne et Marseille dans l'histoire.

Paul Le Guen et Jean-Michel Aulas ne s'affrontent pas au bras de fer, ils saluent leur réussite commune.

L'avant-dernière journée emmène Lyon à Old Trafford. Manchester s'apprête à vivre le millième match de Ferguson comme entraîneur des Red Devils. « Vous vous rendez compte, piaffe Puydebois, je vais être titulaire dans le stade où Cantona, mon idole de jeunesse, a joué ! » Pas question pour Le Guen de sombrer dans les festivités pour autant. « Le plaisir d'évoluer dans un grand stade ne vient que s'il est accompagné par une performance. » Il n'y aura pas d'exploit, mais une défaite logique (1-2). Neville ouvre le score suite à un dégagement manqué de Réveillère (19e), mais Lyon profite d'une frappe de Diarra, que Carroll relâche dans son propre but, pour égaliser (40e). Une tête au second poteau de Van Nistelrooy remet MU devant (53e), le Néerlandais trouvant le poteau trois minutes plus tard. Avec ce succès, les Anglais assurent leur place au tour suivant, et la dernière journée, à Gerland face au Sparta, donne l'occasion à Le Guen de faire confiance aux jeunes. Juninho est sur le banc, tout comme Cris, qu'un avertissement priverait automatiquement du premier match des huitièmes. « Pas question de laisser filer », prévient toutefois l'entraîneur lyonnais. Pas question, en effet. Avec une tête d'Essien (7e) et un but de Nilmar, l'OL vire en tête au repos. Nilmar (51e), Idangar (84e) et Bergougnoux (89e) complètent ensuite le triomphe lyonnais (5-0). Avec 13 points sur 18 possibles, Lyon a frappé un grand coup. « Mais si on tombe au prochain tour personne ne parlera plus de ces 13 points », assène Juninho.

Une fois de plus, le Brésilien trouve les mots justes. La France du foot s'enflamme pour ces Lyonnais, les installe parmi les prétendants au titre. C'est oublier la faiblesse inattendue de Fenerbahçe et du Sparta Prague. C'est écrire la légende un peu vite car, contrairement à la saison précédente, Lyon impressionne mais n'a pas, comme à Munich (succès 2-1), remporté une victoire susceptible de lui servir de référence à ce niveau. Armé d'un nul et d'une défaite contre MU, l'OL n'a pas encore frappé de grand coup. Avec l'entrée dans la phase à élimination directe, le triple champion de France en recevra l'occasion. En principe.

En haut : capitaine en l'absence de Caçapa lors de Lyon-Fenerbahçe, Govou pratique la danse du ventre.
En bas : Tunçay égalise à Gerland sous les yeux de Réveillère, mais l'OL finira par se qualifier en s'imposant 4-2.

Howard (derrière Ferdinand) est atterré car il vient de relâcher une frappe de Diarra dans son propre but.

Nilmar s'offre un doublé pour le dernier match de poule contre le Sparta à Gerland.

« Ce soir, j'aurais mieux fait de rester au lit ! » conclura Thomas Schaaf. « Vivre ça est inespéré et exceptionnel », dira de son côté Paul Le Guen, sentant déjà les trompettes de la renommée souffler à ses oreilles : « On va laisser dire. » Et il se dit beaucoup de choses. Positives, évidemment, tant la qualification fut spectaculaire. Le championnat du monde des Cassandre bat son plein, chacun y allant de son analyse pour évaluer le respect désormais imposé par le champion de France. Et quand le nom de l'adversaire en quart de finale, PSV Eindhoven, tombe, l'euphorie est à peine masquée. « Il ne faut pas se projeter vers l'avant, même si ce tirage donne de belles perspectives », note l'entraîneur lyonnais tandis que son président jette un œil sur le calendrier : « C'est important de voir qu'on jouera le retour à domicile en cas de demi-finale. »

Berthod inscrit le septième but lyonnais sur penalty (ci-dessus) au cours d'une rencontre où Essien (ci-dessous) est adoubé par Wiltord (ci-contre).

La victoire surprise de Porto à Moscou (1-0) dessine une autoroute devant les Parisiens. Avec deux buts inscrits en cinq matches, les voilà deuxièmes du groupe avec 5 points, le même nombre que Porto et un de plus que Moscou. Une victoire au Parc contre les Russes les qualifiera à coup sûr.

« La situation est inespérée, reconnaît Halilhodzic. Le match contre Moscou sera l'un des plus importants de l'histoire du club. »

« Il faut battre Moscou sans faire n'importe quoi car on peut tout perdre, souligne M'Bami. Si on perd contre Moscou et que Porto bat Chelsea on sera derniers. »

Le calcul est parfait. Beaucoup plus que le jeu du PSG en championnat qui, lui, est toujours aussi triste. Partout où il évolue, le PSG subit, et se crée très peu d'occasions. Son fond de jeu est inexistant.

Le matin même du match, une interview explosive de Modeste M'Bami paraît dans *L'Équipe*. Résumé : « Notre jeu est stéréotypé. On forme un bloc très bas qui subit. Celui qui vous dirait qu'il y prend du plaisir serait un menteur. Quand on ne fait que courir derrière le ballon on n'en prend pas. Je me demande comment éviter la 15e ou la 16e place. La vérité c'est qu'on est à la rue en championnat. La Coupe d'Europe est secondaire. » Une vraie petite bombe A !

Pour la bombe atomique, il suffit de patienter quelques heures.

Semak le bourreau déshonore Paris

Le CSKA en a fini avec son championnat depuis un mois, mais cela ne se voit pas. C'est un scénario catastrophe qui attend les Parisiens. La sortie immédiate de M'Bami (fracture du péroné), sur un affreux tacle non sanctionné de Jarosik, n'est qu'un triste prélude (4e). Archidominé, ballotté d'un bout à l'autre du terrain, le PSG s'en remet à Letizi, qui sauve devant Semak (5e) et Goussev (19e).

C'est sous des bordées de sifflets que la coquille de noix se retourne. Vagner Love se débarrasse de Pierre-Fanfan et centre au premier poteau, où Semak devance Mendy et marque d'un tir croisé (28e). Dans la foulée, Jarosik (33e) puis Jirkov (37e) galvaudent d'énormes occasions. Paris ne respire plus quand un petit miracle se produit. Coup franc d'Armand, tête de Coridon, tête de Pancrate, tir de Pauleta. Akinfeiev repousse, Pancrate reprend et marque (37e).

Et voilà que Chelsea mène à Porto (1-0). Et voilà que Semberas est expulsé (53e) et que le CSKA se retrouve à dix.

Mais dix Moscovites c'est encore beaucoup trop pour ce Paris-là. Vagner Love sert Semak, qui évite Armand et marque d'un tir croisé du droit (64e). Semak est un bourreau. Sur la droite de Letizi, il se joue de Pierre-Fanfan et Pichot, et marque d'un tir enveloppé qui finit dans le petit filet opposé (70e). C'est la première fois de sa carrière que le futur Parisien réussit un triplé. Et puis Porto égalise, et puis Porto prend l'avantage (2-1), et puis Mendy est expulsé (90+2).

La gifle est cinglante. La chute du PSG est interminable. Il finit dernier du groupe et quitte minablement la planète Europe. Halilhodzic est obligé

Page précédente.
En haut : Pierre-Fanfan et Armand ont l'air de contrôler la situation à Porto.
En bas : Letizi, remarquable au Portugal, permet à ses coéquipiers, dont Yepes, de rentrer à Paris avec un résultat nul.

En haut : Lampard est à la peine, mais Chelsea est déjà qualifié lorsqu'il reçoit les Parisiens.
En bas : à l'image de M'Bami face à Smertin, le PSG tient tête aux Anglais dans leur fief de Stamford Bridge.

Face à un Porto décimé par les blessures, c'est exactement l'impression que donne le PSG. La rencontre est médiocre mais équilibrée, avec des occasions des deux côtés. L'extrême prudence parisienne suffit à juguler les maigres velléités d'une équipe portugaise étonnamment faible.
Paris frôle le hold-up quand Mendy file seul vers Vitor Baia, qui sauve du coude (80e).
Mais il frise aussi la catastrophe et ne doit son salut qu'à Letizi, auteur d'un exploit face à Postiga, qui profite d'une balle à terre jouée sans esprit de fair-play par son équipe (87e). Francis Graille parlera d'un « comportement de voleurs de poules ». Le gardien parisien effectue encore un bel arrêt sur une tête lobée de Jorge Costa (93e).
« L'équipe progresse à chaque match, se réjouit Halilhodzic. Mais la réussite nous fuit cette année. On n'est pas complètement guéris. »

De la résistance à Londres

Au moment de se rendre à Londres défier Chelsea, les Parisiens sont contents de savoir l'équipe de Mourinho, qui a remporté ses quatre premiers matches, déjà qualifiée.
Mais l'entraîneur portugais est sans nuance : « Ceux qui me connaissent savent que je ne fais jamais de cadeau, dit-il. Paris peut s'attendre au même Chelsea que d'habitude. »
« On est motivés à mort. On veut gagner nos six matches de poule », assène William Gallas avant de prévenir qu'« un match nul ne serait pas un bon résultat pour Paris. Après il devra jouer contre le CSKA au Parc, et Moscou c'est très fort ».
Halilhodzic se contenterait pourtant bien d'un score de parité : « Depuis le match aller, on s'est ressoudés et ressourcés, dit-il. On va défendre à dix et attaquer à sept ou huit. »
Il a au moins raison pour la moitié de son programme. Privé de ballon en première période (64 % de possession pour les Anglais), Paris tient le coup et s'autorise même quelques visites en territoire adverse, ponctuées de tirs qui ne mettent jamais le Tchèque Cech en danger.
Mourinho n'a pas envoyé son artillerie lourde au combat. À l'heure de jeu, il lance Gudjohnsen et Drogba. Paris est acculé sur son but. L'Ivoirien échappe aux défenseurs parisiens. Letizi repousse son tir sur Smertin, qui frappe au-dessus (81e). Et, comme souvent en pareil cas, Paris a l'occasion de réussir le gros coup, mais Johnson empêche in extremis Boskovic de faire mouche (90e).

Maintenant, il s'agit d'accueillir Porto, le champion d'Europe, qui vient tout juste de s'imposer sur le terrain de son grand rival, Benfica (1-0). Orphelin de José Mourinho, Porto a également perdu dans la bataille du mercato d'été Ricardo Carvalho (Chelsea), Deco (Barcelone) et Paulo Ferreira (Chelsea). « Porto a vendu des joueurs mais pas son âme », clame fièrement le nouvel entraîneur Victor Fernandez.

Après avoir concédé le nul au CSKA (0-0), le club portugais s'est incliné à Chelsea (3-1). Les points vont compter double.

« C'est une occasion en or de retrouver crédibilité et confiance, déclare Halilhodzic. Notre travail commence à porter ses fruits. J'espère un bel exploit. »

Coridon joue à pigeon vole

Le fait est que, pour la première fois de la saison, le PSG offre à ses supporters un match à peu près maîtrisé, qu'il boucle en deux minutes après une première demi-heure équilibrée. Sur un centre mal dosé de Pichot qui lui arrive dans le dos, Coridon exécute une étonnante figure artistique (30ᵉ), sorte d'aile de pigeon aérienne, qui méduse Vitor Baia et laisse son auteur baba : « J'essaie juste de rabattre le ballon devant, dira-t-il après coup. Quand j'y arrive, je vois Vitor Baia qui fait un pas sur sa droite et là, il est mort. J'ai beaucoup de chance. »

Les embrassades à peine terminées, Pauleta lance Reinaldo sur la droite. Le centre à ras de terre du Brésilien est repris par le Portugais, qui double la mise (31ᵉ). Une heure durant Paris n'a plus qu'à gérer son avantage face à un rival bien peu belliqueux.

« Il ne faut rien effacer du début de saison, ne pas crier victoire, mais c'est nettement mieux », constate Rothen, qui a dû sortir à la 49ᵉ minute. Il ignore qu'il souffre d'une fracture de la malléole qui le tiendra éloigné des terrains plus de quatre mois.

« Je n'ai jamais douté, dit Halilhodzic. Vous avez tous jugé le recrutement un peu vite. On peut être optimiste pour notre avenir. »

Avant de se rendre au Portugal, Paris améliore sa situation nationale. Une victoire sur Ajaccio (1-0) et un match nul à Auxerre (1-1) le hissent à la quatorzième place après douze journées à 6 points du quatrième, Monaco.

« On a beaucoup d'espoir, explique Pierre-Fanfan. Ce serait malheureux de jouer la C1 pour ne viser que le repêchage de l'UEFA. La saison dernière, on avait un bloc qui faisait peur. Aujourd'hui, après avoir été ridicules en début de saison, je dirais qu'on est solides. »

Coridon semble se vautrer à terre, mais c'est faux : il est en train de marquer à Vitor Baia un des plus spectaculaires buts de la Ligue des champions.

Légèrement rassuré par un premier succès (1-0 contre Strasbourg), le PSG débarque à Moscou un peu requinqué. Ce CSKA, champion pour la première fois depuis trente-trois ans, est mystérieux. Et puissant. C'est la société de Roman Abramovitch qui le dirige. Ce qui explique la venue du Brésilien Vagner Love pour 8 millions d'euros, du Croate Olic pour 5,7 millions et du Tchèque Jarosik pour 3,7 millions. Les pétroroubles coulent à flots.
« J'attends de l'équipe qu'elle démontre sa vraie valeur, déclare Halilhodzic. Les attaques ne sont pas faciles à supporter pour moi et ma famille, mais ma réponse arrivera un jour. »

Moche coup à Moscou

Comme d'habitude, l'entame parisienne est timorée. Même si Pierre-Fanfan oblige Akinfeiev à un bel arrêt (8e), Paris subit, et, lorsqu'il pousse une pointe, Pauleta n'est pas assez prompt pour reprendre un tir de Coridon mal contrôlé par le gardien russe (34e).
Olic donne le tournis aux défenseurs parisiens qui pensent faire une bonne affaire lorsque, blessé, l'attaquant croate doit laisser sa place à un certain Sergueï Semak (58e). Sur un centre de Vagner repoussé à la hâte par Letizi, Semak devance Armand et ouvre le score de la tête (64e). Débordé par ce même Semak, Badiane commet ensuite l'irréparable dans la surface de réparation. Vagner Love transforme le penalty (77e). Paris n'est pas ridicule, mais impuissant.
« Après leur premier but, les Russes ont déroulé », constate Coridon. « Sur le deuxième but il y a un joueur qui traverse tout seul le terrain et il n'y a personne pour le rattraper. On n'a pas le droit », soupire Pierre-Fanfan.
« C'est un résultat terrible pour le PSG, déclare Halilhodzic. On a bien joué, on était bien organisés. En C1 on ne peut pas avoir autant d'occasions et ne pas marquer. On en a eu six ou sept très nettes. » Apparemment, le coach du PSG s'est trompé de stade et est allé assister à un autre match. Letizi résume parfaitement et cruellement la situation : « On a manqué de réalisme offensif et défensif. » Bref, de tout ce qu'il faut pour mener carrière en C1.

En haut : Vagner Love trompe Letizi sur penalty. Le CSKA Moscou l'emporte 2-0. En bas : Cana et les Parisiens ne sont pas ridicules en Russie, mais impuissants.

L'ancien Marseillais Drogba survole le Parc des Princes où il inscrit un doublé pour les Blues qui évoluent en blanc.

La revanche de Drogba

« Il n'y aura pas de plan anti-Drogba », a clamé Pierre-Fanfan. Au vu des premières minutes, il n'y a même pas de plan du tout côté PSG, même si Coridon se retrouve seul face à Cech et rate son lob (9e).

L'emprise anglaise est terrible. Le PSG est étouffé. Il faut pourtant une énorme bévue du gardien Letizi, qui lit mal un corner de Lampard, pour que Terry ouvre le score de la tête (29e). « Il est pour moi, je me suis trompé de trajectoire », dira Letizi. Mais aucun joueur parisien ne rattrape l'autre. M'Bami perd un ballon au milieu du terrain. Cole lance Kezman, qui bute sur Letizi. La balle file sur Drogba, qui marque du gauche (45e+1).

L'Ivoirien peut commencer à chambrer le public. La seconde période est totalement anglaise. Drogba alourdit la note sur coup franc (75e) et redouble de moqueries. « Ils m'ont tellement chambré que je pouvais bien me permettre d'en faire autant », dira-t-il. Paris fait naufrage. Et Mourinho jubile : « Je suis content de tout : résultat, performance, prestation de mes joueurs. Il n'y avait aucune chance face à ce Chelsea-là. » Surtout pour ce Paris-là. « On ne peut pas continuer comme ça, soupire Halilhodzic. On doit au moins perdre avec plus de fierté et d'honneur. On a pris une gifle énorme. Il y a un malaise. On a été ridicules, mais je ne lâcherai pas. »

« Ça fait très mal, dit Letizi, on n'avait pas besoin de ça. » Et Pierre-Fanfan ajoute, le surlendemain : « On sait qu'on est dans la merde. On a lavé notre linge sale entre joueurs. Il y avait un malaise entre plusieurs cadres. On s'est expliqué pour qu'il n'y ait plus de messes basses ou de clans. »

LE PSG EN C1 / Chelsea • CSKA Moscou • Porto

L'ère glaciaire

Au moment d'entrer dans son an II, le Paris SG de Vahid Halilhodzic a déjà commencé à payer la rançon de sa gloire. Cette garde de fer, que la chance n'a jamais abandonnée, commence à se fissurer. La méthode sans nuance du coach cause des dégâts humains. Tous ceux qui s'y opposent sont condamnés. Heinze est parti de son propre chef, mais Déhu, le capitaine, et Sorin, le régulateur argentin, auraient pu rester. Fiorèse également, qui bientôt va « trahir » et partir pour Marseille.

Halilhodzic-la-raideur ne doute de rien. Avec Porto, le champion en titre, le CSKA Moscou, qui a sorti les Glasgow Rangers en tour préliminaire, et Chelsea, alias Chelski, du magnat russe Roman Abramovich, le PSG trouve à qui parler en Ligue des champions. « Pour notre premier match nous recevrons Chelsea, se réjouit le défenseur international Bernard Mendy. Je pense qu'on va les taper. Il y a aussi Porto, le champion. Je crois qu'on va le sortir. »

Au moment de recevoir l'équipe londonienne, un autre son de cloche s'élève du Camp des Loges. Le dernier fait de gloire du PSG est un match nul, à Nîmes, contre Istres le promu (1-1). « Il y a du mieux. On ne prend qu'un but. Il y a quinze jours on aurait perdu », explique sérieusement le capitaine José Pierre-Fanfan. C'est dire l'ampleur du traumatisme qui ravage l'équipe.

« Plus j'en parle, et plus je m'aperçois que notre poule est phénoménale, déclare Halilhodzic. Mais le PSG vendra chèrement sa peau. »

Le Bosniaque croise la route du coach qui monte : le Portugais José Mourinho, 41 ans. Champion d'Europe avec Porto quelques mois plus tôt, ce Mozart du banc émarge au tarif de 450 000 euros par mois à Chelsea.

« Il ne faudra pas commencer le match avec la trouille », prévient Jérôme Rothen. En face, Didier Drogba se prépare avec impatience : « Pour un ancien Marseillais, ce match ne peut pas être anodin. PSG est une bête blessée. C'est un vrai match piège. »

Ça commence mal pour Halilhodzic et Paris, étrillés à domicile par Chelsea.

Sous une pluie discontinue, Wiltord et Malouda tentent de bousculer Oijer et Van Bommel.

Gomes se détend du bon côté. Lyon est éliminé à l'issue de la séance de tirs au but.

Alors le match a continué jusqu'à l'égalisation néerlandaise qui place le PSV en meilleure posture que son adversaire dans l'optique de la qualification. « Mais nous sommes loin d'être éliminés », avertit Le Guen. « La qualification n'est pas encore acquise, entonne Guus Hiddink devant l'autre vestiaire. Lyon a déjà montré cette saison qu'il pouvait être très fort sur les matches à l'extérieur. Mais c'est pour nous un bon point de départ. » « C'est vrai que 2-0 et 1-1, ce n'est pas exactement la même chose, s'agacera le président Aulas. Mais je veux croire que l'équipe qui joue au foot passera face à une équipe d'Eindhoven qui est vraiment la reine de l'obstruction. Je considère en tout cas Lyon supérieur au PSV. »

« On a été volés »

Dommage que les résultats ne livrent pas le même verdict. Car, au retour, aux Pays-Bas, l'élimination attend l'OL. Juste avant le match, Guus Hiddink martèle : « Défendre serait une erreur. » On se gausse dans la salle. Car l'idée exprimée quelques jours plus tôt par Jean-Michel Aulas est répandue : le PSV ne sait que défendre. Et puis, côté lyonnais, on n'a guère apprécié l'arbitrage de M. Collina à l'aller. Trop coulant avec les abrasifs Van Bommel et Ooijer. Comme souvent, voici donc la créativité française, l'esprit des Lumières en short et crampons confrontés à des gagne-petit sans panache. Tout est en place pour que l'affaire finisse mal.

Elle ne finit pas bien pour Lyon, en tout cas, qui l'avait pourtant bien amorcée en conservant sa bonne habitude de marquer tôt. 10e minute : mauvais dégagement de Bouma, qui profite à Wiltord, dont la frappe file hors de portée de Gomes. Comme Van Bommel à Gerland, Diarra découpe tout ce qui passe devant lui et finit par prendre un avertissement (22e). Ce qui énerve ses coéquipiers. Pendant ce temps, le PSV a repris le contrôle des opérations, et la bataille qui se déroule au Philips Stadion, si elle n'est certainement pas d'un très haut niveau technique, atteint parfois des sommets d'engagement. Les Néerlandais sont loin du football total chanté par quelques ménestrels, mais ils sont proches d'une certaine perfection tactique, d'une intelligence du jeu qui est la marque de fabrique de leur entraîneur.

Lyon subit, mais atteint la pause avec son but d'avance et sa qualification en poche, Vennegoor of Hesselink, trop court (19e), Bouma, trop mou (22e), et Park, trop loin (37e), n'ayant pas inquiété Coupet. Ça ne va pas tarder. Juste après le repos, Abidal renvoie dans l'axe. « Jamais dans l'axe », nous répète Jean-Michel Larqué depuis des années. Là aussi, il l'a dit. Juste avant qu'Alex surgisse pour égaliser (50e). Les minutes suivantes, Lyon est à la dérive, broyé par le dispositif de son adversaire, mais résiste. Et reprend même le dessus dans le dernier quart d'heure. Insuffisant pour éviter la prolongation.

Il s'y passe peu de choses hormis une alerte signée Juninho (104e) et un coup franc très dangereux de Van Bommel (110e). Pas grand-chose ? Oui, bien sûr, à la 100e minute, il y a l'action qui occultera tout le reste : Nilmar lancé seul face à Gomes. Le jeune Brésilien est touché dans la surface par son compatriote. Il s'écroule. Penalty. Non, estime Kim Nielsen. Le banc lyonnais est furieux. L'image repasse et livre toujours la même impression. « On peut la revoir cinq fois, il y aura cinq fois penalty », pestera le président de l'OL. L'arbitre danois en a décidé autrement. Il a, sur ce coup, empêché Lyon de sceller son entrée en demi-finale dans le temps réglementaire. Car, c'est une évidence chauvine, ce penalty, les Lyonnais l'auraient marqué. Il leur aurait peut-être évité la douloureuse séance de tirs au but. L'Américain Beasley manque le sien pour le PSV. Mais Abidal et Essien échouent également. Pas Robert, qui propulse Eindhoven un tour plus loin, laissant Lyon encore une fois au stade des quarts de finale et des immenses regrets. « Comme entraîneur, c'est la plus grosse déception de ma carrière », dira Le Guen. « On a été volés, s'emportera Juninho. On a joué contre quatorze adversaires, en comptant les deux arbitres assistants et celui du centre. Le PSV n'était pas plus fort que nous. » Ce ne sont que les premiers propos d'une interminable glose au sein de laquelle résonnera une phrase d'avant-match signée Sidney Govou, riche de maturité, de sens, d'intelligence et de relativité : « Mériter, ça veut dire quoi ? À Brême, méritait-on de gagner 3-0 au vu du match ? La seule chose qui importe, c'est le résultat. »

Le tir d'Alex traverse la défense lyonnaise et ramène le PSV à hauteur de l'OL.

Ça n'aura en fait aucune importance, car il n'y aura pas de demi-finale. La double confrontation face aux Néerlandais sera juste le rendez-vous des frustrations et une nouvelle leçon de maintien pour le football hexagonal. Quand l'OL se présente dans son stade, en ce début du mois d'avril, il possède en Ligue 1 13 points d'avance sur Lille et l'OM, et aligne sa meilleure équipe possible, avec Caçapa de retour en défense. « On bénéficie de l'expérience du passé et, comme pour chaque match aller à domicile, l'objectif sera de ne pas encaisser de but », annonce Paul Le Guen. Raté. Le PSV, qui est invaincu en 2005 (quatorze matches dont treize succès toutes compétitions confondues), réussit à repartir de Gerland avec un précieux match nul et, surtout, un but inscrit à l'extérieur. Il est signé Cocu, qui, après avoir récupéré le ballon à 60 mètres des montants lyonnais, joue le une-deux avec le Coréen Park et frappe dans le petit filet gauche de Coupet (79e).

Il fallait bien continuer

C'est la dernière action marquante d'une rencontre que les Lyonnais pensaient remporter. Ils avaient réussi le plus difficile, croyaient-ils, en ouvrant le score assez vite. Comme lors des deux matches face au Werder Brême. Govou déborde à droite, centre vers Wiltord, qui manque son dribble et pousse involontairement vers Malouda. L'ancien Guingampais place un tir puissant qui trompe Gomes (12e). Difficile de mieux démarrer. À la 34e, sur un centre parfait de Wiltord, Essien, à 4 mètres du but, rabat sa tête sur le gardien d'Eindhoven, qui dévie ensuite sur son poteau une frappe puissante du Ghanéen (39e). En deuxième période, l'OL a l'occasion de se donner davantage d'air par l'intermédiaire de Govou. Totalement seul au point de penalty suite à une montée d'Essien, il choisit d'ouvrir son pied droit pour viser le côté gauche de Gomes, qui plonge parfaitement. Sa parade est exceptionnelle (63e). « Si j'avais regardé, j'aurais eu largement le temps de l'ajuster, dit l'international français. Mais bon... Dans la minute qui a suivi, j'y ai pensé, mais il fallait bien continuer le match... »

En haut: Lee et Bouma serrent Govou de près.
Au milieu: Park fait des misères à Cris et Réveillère.
En bas: Malouda ouvre le score et la bouche pour hurler son bonheur.

de tomber le masque : « On a cru à l'illusion et on a vu la réalité. Les joueurs étaient complètement hypnotisés. Ils ne savaient pas où ils devaient aller. On ne méritait pas autre chose. »
« C'est un cauchemar humiliant, déclare le président Graille. Je n'ai pas de mots assez forts pour exprimer ma peine. On a perdu notre honneur. On s'est ridiculisés devant des millions de téléspectateurs. »
La Ligue des champions aura été le miroir grossissant d'un violent divorce. Dès le lendemain, coach Vahid remet son camouflage, niant toute responsabilité : « Qu'ai-je pu commettre comme erreur ? » interroge-t-il fièrement avant de reprendre : « Je ne lâcherai pas. Je sais ce que j'ai envie de faire à Paris. Je ne montrerai aucun signe de faiblesse. En championnat, on n'est pas loin de la 4e place. On peut réussir quelque chose. »
Il y a longtemps malheureusement que ses joueurs ne l'écoutent plus. Qu'ils attendent son départ. Ayant vécu droit dans ses bottes, c'est ainsi que l'omnipotent périra, après quelques semaines encore de souffrance et de vaines colères, puni en somme par où il avait péché.

Page précédente.
Deux images fortes de PSG-CSKA avec la sortie sur blessure (fracture du péroné) de M'Bami et le bel enthousiasme de Semak qui devance Mendy.

Vagner Love (ci-contre) se promène dans le Parc des Princes où les supporters du Paris SG, furieux, sont fâchés contre le président Graille (en haut). L'entraîneur, Vahid Halilhodzic (ci-dessus), sait qu'il a encore du travail.

Grosse fatigue

Face aux Slovènes de Gorica, en tour préliminaire, le finaliste de l'édition 2004 de la Ligue des champions n'a pas tremblé (3-0, 6-0). L'AS Monaco, club de Principauté adoubé le temps d'un printemps ambassadeur du football français, évite ainsi l'accident. Parce que, rappelle l'entraîneur Didier Deschamps, « économiquement, le club doit se maintenir dans le gotha européen ». L'y voilà donc à nouveau, entouré dans son groupe par Liverpool, La Corogne et Olympiakos. Rien de très spectaculaire, mais rien que du solide.

Et la tâche s'annonce d'autant plus compliquée que Monaco a sa petite réputation. En France, surtout, où sa place de finaliste de l'édition précédente (0-3 contre Porto), associée à celle de Marseille face à Valence (0-2) en Coupe UEFA, a suffi pour décréter que la Ligue 1 était au niveau des grands championnats du continent. « On ne juge pas la qualité d'un football sur une saison, prévient toutefois l'entraîneur français. On va savoir si on peut être crédible sur la scène internationale, mais le foot français a le devoir de confirmer. » C'est vrai que l'ASM, en éliminant le Real (2-4 ; 3-1) et Chelsea (3-1 ; 2-2) en 2004, a marqué les esprits. Mais l'équipe a changé. « Ce n'est pas parce qu'on est allés en finale qu'on est favoris, annonce Deschamps. D'ailleurs, au tirage au sort, on n'était ni dans le premier ni dans le deuxième chapeau, mais dans le troisième.» Giuly, Morientes, Rothen et Prso sont partis. Et, pour affronter Liverpool à Anfield en ouverture de la compétition, l'ASM est privée de Chevanton, Nonda, tous deux blessés, et de Saviola, suspendu. Pas si grave face à un club dont peu de gens se doutent alors qu'il est le futur champion d'Europe. Car Liverpool, qui a remporté quatre C1 (1977, 1978, 1981, 1984), semble en retrait par rapport aux trois autres clubs anglais (Arsenal, Chelsea, Manchester United).

Cissé passait par là

Les Reds ne le montrent pourtant pas trop. Même si le public est moins nombreux que d'ordinaire, ils tiennent leur maison proprement. Sur un une-deux, Xavi Alonso-Gerrard, le capitaine anglais lance Cissé à la limite du hors-jeu. L'ancien Auxerrois trompe Roma et ouvre le score (22e). Monaco, qui évolue avec trois défenseurs axiaux, enchaîne les mauvaises passes et ne parvient pas à se propulser vers l'avant. À la 25e minute, Roma est impeccable sur une tentative de Luis Garcia, tandis que Cissé, juste avant le repos, se joue de la défense monégasque sans pouvoir conclure. Dans les arrêts de jeu, une tête de Luis Garcia est sortie par le gardien italien.

De retour sur la pelouse, les Français repassent en 4-4-2 avec l'entrée de Souleymane Camara à la place d'Evra. Ils semblent désirer jouer plus haut, mais les Reds ne laissent pas faire. Et Cissé se montre à nouveau dangereux, mais tombe sur un Roma de nouveau décisif. «J'ai été très sollicité parce qu'on a subi tout le match, reconnaîtra ensuite le portier de l'ASM. On n'arrivait pas à garder le ballon et ils attaquaient à six ou à sept chaque fois.» Du coup, dans les dernières minutes, Monaco craque, Baros éliminant Squillaci puis Roma pour inscrire le deuxième but (84e). «On devra aborder les matches avec un autre état d'esprit, sinon, on n'ira pas bien loin», reconnaît Squillaci.

Page précédente.
Monaco assure sa place en Ligue des champions en se débarrassant des Slovènes de Gorica au tour préliminaire.

En haut: Cissé ouvre le score pour Liverpool, Squillaci en est bouche bée.
En bas: Baros élimine Roma pour doubler le score et assurer le succès des Reds.

MONACO EN C1

Avec 6 points en quatre matches et la perspective de recevoir Liverpool avant de se rendre à La Corogne, la partie s'annonce serrée. Quand, le 23 novembre, les Reds se présentent en Principauté, le président Pastor évoque un « match capital ». Quatre jours plus tôt, en championnat, Monaco a perdu à domicile (1-3) face à Sochaux. « Je dois maintenant savoir si mes joueurs ne pouvaient pas ou ne voulaient pas faire plus », a dit Deschamps à propos de ce revers en Ligue 1. Évocation à mots non couverts d'une cassure entre l'effectif et le coach. Pendant quarante-huit heures, il choisit d'isoler son groupe, puis évoque les soucis défensifs : « On commet tellement d'erreurs que ça ne pardonne pas, comme sur les buts que l'on encaisse depuis plusieurs matches. » « On est en difficulté derrière, reconnaît Givet, mais trouver pourquoi, ce n'est pas facile… » « On voit d'abord nos erreurs, mais je rappelle qu'une équipe ne défend pas à quatre », s'agace Squillaci.

Contre Liverpool, de toute façon, il faudra aussi attaquer. Mais, pendant toute la première période, pas une seule frappe cadrée ! Juste un claquage pour l'Espagnol Luis Garcia et de nombreuses erreurs techniques, une kyrielle d'imprécisions monégasques contre une équipe anglaise venue essentiellement pour prendre un point. Après le repos, c'est un long bâillement qui s'annonce quand Saviola réveille le spectateur. Une-deux avec Nonda, contrôle d'une partie du corps qui pourrait être sa main, tir et but (56e). « Le monde entier a vu la main de Saviola, s'emporte Rafael Benitez. Il en a souri ! » « Je ne sais pas s'il y a main, il faudra voir les images », esquive Deschamps. « Est-ce qu'il y a main ? Vous verrez bien sur les images… » répond l'Argentin. « On a bénéficié d'un petit coup de chance, reconnaît le capitaine Givet. On ne va pas s'en plaindre. »

Le PSV comme un mur

Tout va donc se disputer lors de l'ultime journée, à La Corogne, déjà éliminée. Le Deportivo est un fantôme de l'équipe qui fit un peu trembler l'Europe et l'Espagne. Il n'a pas inscrit le moindre but en cinq matches de Ligue des champions. Sa dette est estimée à 178 millions d'euros. Ça ressemble à une proie facile, et Evra ne croit « pas une seule seconde à l'élimination ». Il a raison, même si le dernier succès européen de Monaco à l'extérieur remonte à l'automne 2003 (à Eindhoven, 2-1). Mais au Riazor, l'ASM mène déjà 3-0 au repos. Chevanton a ouvert le score, lancé par Saviola (22e). Un quart d'heure après, Maicon prolonge de la tête un corner de Chevanton. Hector rate son dégagement, qui profite à Givet dont la volée acrobatique lobe Munua (37e). Le portier de La Corogne est ensuite victime d'un coup de patte de Saviola (39e).

L'avance est confortable, l'ambiance conviviale. Une frappe surpuissante de Pandiani, sortie par Roma, rappelle que La Corogne joue ce match (46e), mais un pointu de Maicon, sur un corner de Chevanton, rappelle surtout aux Espagnols qu'ils l'ont perdu (55e). Adebayor scelle le 5-0 sur une troisième passe décisive de Chevanton (76e), et Monaco se retrouve premier du groupe, Liverpool ayant battu Olympiakos (3-1) et se qualifiant à la différence de buts. « Se qualifier deux années de suite à l'issue de la première phase de poules est une performance de très haut niveau », commente Deschamps. Simultanément, Chevanton adresse une prière : « Ce qu'il faut absolument arrêter, c'est de comparer l'équipe de cette saison à celle de la saison dernière. »

Page précédente. Saviola vient de contrôler de la main, ce que semblent signaler Gerrard et Hyypiä, mais l'Argentin poursuit son action et inscrit un but valable et précieux pour Monaco face à Liverpool.

En haut à gauche: Maicon et Monaco font encore lourdement trébucher La Corogne (5-0). En haut à droite: Chevanton, avec un but et trois passes décisives, est rayonnant au Riazor, l'antre du Deportivo. En bas: la volée acrobatique et efficace de Givet méritait les félicitations de ses coéquipiers.

De fait, la comparaison s'arrêtera au tour suivant, en même temps que l'aventure monégasque. Le tirage au sort a désigné le PSV Eindhoven comme adversaire de l'ASM. Rien d'insurmontable, d'autant qu'au Philips Stadion les Néerlandais ne parviennent à obtenir qu'un maigre avantage (1-0) tout à fait rattrapable au retour en Principauté. Dès la 8e minute, un corner de Van Bommel est fatal aux Français. Le défenseur brésilien Alex, esseulé aux 6 mètres, pique sa tête que Roma ne peut empêcher de finir sous la barre. « Alex, c'est moi qui devais le prendre sur son but, avoue Givet. Dommage, il y avait la place pour faire mieux. » Pas si sûr car, au milieu, le trio Vogel-Cocu-Van Bommel laboure le champ avec une précision mécanique. À droite, le Coréen Lee martyrise Evra. Monaco, fébrile, a du mal à exister hormis sur une tentative d'Adebayor, bien lancé par une passe en retrait mal ajustée de Lee (34e). Saviola a une opportunité d'égaliser, mais son tir est trop mou (66e).

« Je savais que leur masse athlétique, leur organisation et l'adresse de leurs tireurs nous mettraient en difficulté sur les coups de pied arrêtés, commente Deschamps. 1-0 c'est un bon score pour eux, et au retour il faudra mettre plus de folie. De toute façon, nous n'avons pas le choix. » Théâtre d'exploits retentissants, comme l'élimination du Real Madrid en quarts de finale en 2003-2004 (2-4 ; 3-1), le stade Louis-II est un ami des Monégasques en Ligue des champions. Dans cette compétition, ils n'y ont plus perdu depuis septembre 2000 (0-1 contre les Glasgow Rangers). Ils y reçoivent donc le PSV Eindhoven avec une raisonnable confiance. Même si Guus Hiddink annonce qu'il vient pour essayer de marquer un but, un porc-épic hollandais est attendu sur la Côte d'Azur. Les premiers instants montrent à Monaco que la qualification est envisageable. Une frappe de Kallon stoppée par Gomes (3e), puis une échappée de l'attaquant de Sierra Leone reprise dans la surface par le portier brésilien (10e) donnent le ton. Les Monégasques crèvent d'envie, et un coup franc de Chevanton à ras du montant de Gomes appuie davantage cette impression (23e). La première occasion néerlandaise détruit pourtant leur rêve. Van Bommel frappe le corner. Vennegoor of Hesselink a un corps aussi long que son nom. Il se termine par sa tête, qu'il utilise avec la bienveillance de Zikos pour propulser le ballon dans le but (27e).

Monaco, ce Monaco-là, peut-il marquer trois buts en une heure au PSV Eindhoven ? La question à peine posée, voilà que Cocu manque doubler la mise de la tête (34e). La suite amène la preuve que le vice-champion d'Europe n'est pas capable de désorganiser l'édifice hollandais. Et, lorsque Park lance Cocu, dont le centre devant le but est repris sans souci par Beasley (0-2, 68e), personne n'est vraiment surpris.

Le président Michel Pastor entérine donc « l'échec » de l'ASM tandis que Didier Deschamps peine à masquer sa déception. Les années se suivent et ne se ressemblent pas en Principauté...

Page précédente. Didier Deschamps se méfie de « la masse athlétique et des coups de pied arrêtés » du PSV Eindhoven.

En haut à gauche : Park est un poison qu'Evra aura beaucoup de mal à digérer.
En haut à droite : Saviola dominé par la puissance d'Alex.
En bas à gauche : Van Bommel, un Hollandais volant.
En bas à droite : Givet s'extasie devant un contrôle de Vennegoor of Hesselink.

SOCHAUX EN UEFA / Dinamo Tbilissi • Newcastle • Sporting Lisbonne • Panonios • Olympiakos

Le temps des regrets

La Coupe UEFA s'est habituée à vivre dans l'ombre de la Ligue des champions. À côté des poules de luxe offertes en C1, sa nouvelle formule à huit groupes s'annonce fadasse. Pour goûter à cet étrange parfum, Sochaux s'est débarrassé au premier tour des Norvégiens de Stabaek. Un succès aisé au stade Bonal (4-0), conforté à Oslo deux semaines plus tard par une gentille démonstration (5-0) devant un millier de spectateurs. Dans leur poule D, les Sochaliens doivent désormais terminer parmi les trois premiers pour accéder aux seizièmes de finale. Newcastle et le Sporting Portugal, qui s'affronteront quelques mois plus tard en quart de finale, sont les principaux adversaires des Francs-Comtois.

Pour les Sochaliens, l'aventure commence à Tbilissi. Soviétique, le Dinamo pouvait être redoutable. Désormais géorgien, il n'est guère redouté. Il faudra à peine une demi-heure à Sochaux, avec Jérémy Menez, titulaire à 17 ans, pour plier son affaire et son adversaire. D'abord grâce à Ilan, lancé en profondeur par Isabey (18e). Paisley, reprenant de la tête un corner de Mathieu, double ensuite la mise (36e). En fin de match, Isabey frappe sur le poteau, mais l'important est alors ailleurs : il faut rentrer à la maison et, si l'Histoire a rendu son indépendance à la Géorgie, elle ne l'a pas rapprochée de la France. Le voyage dure dix heures.

Les Sochaliens ont le temps de s'en remettre. Exempts lors de la deuxième journée, ils retrouvent la scène continentale le 25 novembre, plus d'un mois après leur premier match. Invaincus depuis onze rencontres, ils reçoivent Newcastle. En pleine face. Car les Anglais quittent Bonal sur un succès tranchant (4-0) qui constitue la plus sévère défaite de Sochaux à domicile depuis 1995 et un revers contre Monaco (0-5). Dès la

Zairi, Ilan et Oruma : un trio souvent gagnant pour Sochaux en Coupe UEFA.

17e minute, l'édifice de Guy Lacombe est déséquilibré par la sortie du Suisse Lonfat, touché dans un choc avec le délicat Bowyer qui, douze minutes plus tard, reprend un centre d'Ameobi pour ouvrir le score. « Avec un seul but de retard au repos, je pensais que nous avions une chance de revenir », raconte le président Jean-Claude Plessis. Pourquoi pas, après tout, les Magpies, privés de huit de leurs titulaires (dont Shearer, Kluivert, Johnsen et Jenas), ayant marqué sur leur seule occasion. « C'est vrai que cette avance à la mi-temps était flatteuse pour nous », reconnaîtra l'entraîneur Graeme Souness.

Sauf que le match a repris depuis quelques secondes quand Newcastle inscrit un deuxième but : centre de Bernard, ratage de Paisley qui profite à Ameobi, poussant la balle dans le but (46e). Sochaux a l'occasion de revenir dans la partie quand il obtient un penalty, mais Mathieu le manque (64e). Un quart d'heure plus tard, Bellamy ne rate pas sa chance et place Newcastle hors de portée de son adversaire. Robert, sur coup franc, conclut la marque à la dernière minute et Romain Pitau constate les faits (« Une claque comme ça, c'est difficile à encaisser. »), tandis que son entraîneur, Guy Lacombe, les résume (« Les Anglais ont été très réalistes. »), et que Graeme Souness les célèbre : « Ce résultat va au-delà de toutes nos espérances. »

« On peut battre n'importe qui et perdre contre n'importe qui »

Sonné face à Newcastle, bringuebalé en championnat le week-end suivant contre Lens (défaite 1-2), Sochaux enchaîne avec un déplacement à Lisbonne, où sa confrontation avec le Sporting ne s'annonce pas décisive. « Ce n'est pas tant le résultat qui m'obsède, reconnaît d'ailleurs Guy Lacombe. J'espère surtout que nous saurons retrouver certaines valeurs, notamment dans l'attitude défensive. » Il le faudra pour contenir la meilleure attaque du championnat du Portugal (26 buts en douze journées). D'où une défense à cinq (Daf, Tall, Paisley, S. Diawara, Mathieu), alignée pour la première fois de la saison. « Je voulais surprendre les Portugais car ils sont forts en attaque placée », justifie l'entraîneur français.

En haut : Bowyer, qui échappe ici à Oruma, marque le premier but de Newcastle au stade Bonal.
En bas : Mathieu manque le penalty qui aurait pu remettre les Sochaliens dans la partie.

Ce n'est pourtant pas ce dispositif particulier qui attire l'attention en début de rencontre, mais Lonfat qui, dès la 2e minute, ouvre le score. « En marquant rapidement, nous les avons perturbés encore plus, retardant leur réponse à notre dispositif », se réjouira Lacombe. Hormis un centre de Barbosa, que Paisley dévie sur la barre (15e), et une parade spectaculaire de Richert sur un centre touché par Diawara (66e), les Sochaliens ne subissent pas d'alertes majeures. « C'est un exploit », clame leur entraîneur après ce succès.

Ce n'est pas si mal, en tout cas, car voilà Sochaux en position idéale pour se qualifier sans stress. Il reste en effet aux Doubiens à recevoir les Grecs de Panonios pour une ultime qui s'annonce à leur portée, même s'il est de bon ton, depuis l'été 2004, de se méfier de tout ce qui touche au pays des champions d'Europe en titre. Au bon ton, Guy Lacombe préfère toutefois une forme de réalisme résonnant comme un avertissement : « Si on s'incline contre Panonios, c'est qu'on ne mérite pas d'aller plus loin. » Sochaux ne s'incline pas, mais manque ne pas gagner. En choisissant de procéder par approximations, il se met même en danger face à un adversaire attentif et attentiste. Il ne se passe donc rien dans Bonal, hormis quelques ratés. Et puis voilà que Paisley, sur sa ligne, évite le pire (76e). À un quart d'heure de la fin, un frisson d'angoisse. Et pas de but, heureusement. Dix minutes plus tard, de l'autre côté du terrain, un coup franc de Mathieu frappe la barre. Un frisson d'espoir et toujours pas de but, malheureusement. Ce n'est qu'une question de secondes car, à la 87e, un lob d'Isabey assure la qualification des Sochaliens, finalement deuxièmes de leur groupe derrière Newcastle pour les seizièmes de finale.

Il y est à nouveau question de Grecs. Le 17 février 2005, Sochaux a rendez-vous avec Olympiakos dans le stade du Pirée. Guy Lacombe avertit ses joueurs de « l'ambiance démentielle » qui les y attend, puisque depuis le début de l'année le stade Karaiskakis sort de cinq matches à huis clos : depuis le 9 janvier, Olympiakos a reçu sans spectateurs.

Trente-deux fois champion de Grèce, l'ancien club de Christian Karembeu dont le Brésilien Rivaldo est aujourd'hui la star reste par ailleurs sur une série de quinze succès d'affilée à domicile, interrompue le week-end précédent par Xanthi (0-0). Et arrive tout droit de la Ligue des champions dont il a été éliminé à la différence de buts par Liverpool. « Mais Sochaux peut battre n'importe qui et perdre contre n'importe qui », prévient Guy Lacombe, dont l'équipe débarque en Grèce sans avoir encaissé le moindre but à l'extérieur en trois matches de Coupe UEFA. « Il faut s'appuyer là-dessus, avoir un état d'esprit irréprochable », estime Potillon qui, avec la Real Sociedad, a déjà joué à Olympiakos en Ligue des champions.

L'enfer promis n'est pas complètement au rendez-vous. En tout cas, la pluie, elle, est venue en famille. Giovanni, l'attaquant brésilien, est resté avec la sienne. Il a mal aux dents. Sans lui, le Chypriote Okkas est chargé de marquer

Le Suisse Lonfat ne traîne pas pour ouvrir le score face au Sporting Portugal dès la 2e minute.

Face à l'expérimenté Schürrer, Zairi a raison de protéger ses tibias.

des buts, mais il est surtout le premier défenseur d'un pressing grec étouffant. Dès la 4e minute, Vallas touche le poteau de Richert. À la 22e, un coup franc de Rivaldo vole vers le Serbe Kafes, mais Richert se jette dans ses pieds.

« Expérience : 2, Sochaux : 0 »

Quelques minutes après, Isabey perd le ballon dans le camp grec. Le contre va très vite. Une ouverture de Rivaldo, entre Potillon et Diawara, alerte Okkas. Il dribble Monsoreau et ouvre le score d'un tir à ras de terre (24e). Jusqu'au repos, Olympiakos laisse souffler son hôte, mais entame vivement le premier quart d'heure de la seconde période. Stoltidis, seul face au but, le manque (55e), et annonce une dernière demi-heure moins pénible pour les Sochaliens. La vitesse de Zairi y perturbe pas mal les Grecs. Le Marocain, après un slalom entre Georgatos et Kostoulas, oblige Nikopolidis à sortir le ballon des poings (79e), mais c'est tout. « On a attendu d'être menés pour commencer à jouer », peste Guy Lacombe. C'est, explique Dusan Bajevic, son collègue d'en face, parce que ses « joueurs ont ressenti la fatigue, ce qui a donné plus de liberté à Sochaux pour attaquer ».

Il n'est pas prévu que cela se reproduise en France, où les Grecs se présentent avec Schürrer et Anatolakis, piliers de leur défense centrale, tous deux suspendus à l'aller. « Espérons qu'il y aura un tueur parmi nous pour la mettre au fond », poétise Mathieu alors que Sochaux, qui sort d'un revers à Saint-Étienne (0-1), voit la lutte pour les premières places de Ligue 1 lui échapper. Des tensions pointent entre le président Jean-Claude Plessis et son entraîneur. Une partie du groupe commence à murmurer des griefs à l'encontre de Guy Lacombe.

Bajevic est lui aussi en difficulté, et doit qualifier son équipe s'il veut rester en poste. Pour cela, il choisit la maçonnerie. Olympiakos est en mission béton et ses joueurs multiplient les mauvais gestes, comme ce coup de coude d'Anatolakis à Menez, qui aurait sans doute valu un penalty si l'arbitre l'avait vu (51e). Mais il n'a pas vu et Sochaux continue de cavaler après un but qui le remettrait dans la course. Les Francs-Comtois ont démarré vite, avec trois occasions très nettes manquées par Santos. Le Brésilien, servi par Zairi, est d'abord contré par le retour de Mavrogenidis (10e), puis, toujours sur un centre de Zairi, manque sa reprise (11e) avant de trouver Nikopolidis sur le chemin d'une jolie frappe consécutive à un centre de... Zairi (18e). Une seule fois, Olympiakos a essayé de tirer, via Stoltidis (41e).

À la 58e, Santos ne cadre pas sa tête sur un service d'Isabey. Mais les Grecs ne montrant rien et semblant vulnérables, Bonal y croit. À tort. Après l'heure de jeu, Djordjevic s'enfuit sur le côté gauche et centre vers Schürrer, au duel avec Monsoreau. Qui gagne ? On ne sait pas trop, mais lorsque le ballon sort « côté ouvert », Stoltidis est là pour l'envoyer hors de portée de Richert (67e). Premier succès d'Olympiakos à l'extérieur depuis cinq ans en Coupe européenne, qui arrache cette limpide conclusion à Guy Lacombe : « Expérience : 2, Sochaux : 0. »

Menez est à terre, victime d'un coup de coude d'Anatolakis non sanctionné. Le gardien Nikopolidis calme Diawara.

Solide comme un roc

Face à Aix-la-Chapelle, pourtant en D2 allemande, Makoun, Landrin et le LOSC passent à travers et s'inclinent (0-1).

Déjà deux mois que Lille s'est extirpé de la Coupe Intertoto, battant en finale les Portugais d'Uniao Leiria (0-0 ; 2-0 a.p.) après avoir voyagé en Croatie (Slaven Belupo) et au Belarus (Dinamo Minsk). L'entrée officielle dans la Coupe UEFA, la vraie, ce 21 octobre, après un premier tour tranquille contre les Irlandais de Shelbowne (2-2 ; 2-0), ne possède donc rien du rite initiatique, d'autant que les Lillois n'ont que la Belgique à traverser pour arriver jusqu'à Aix-la-Chapelle. Quelques kilomètres plus à l'est, en fait, puisque l'Alemania Aachen (en version originale) reçoit à Cologne. Aachen ? Finaliste de la Coupe d'Allemagne contre le Werder Brême (2-3) après un succès en demi-finale sur le Bayern (2-1), l'Alemania, qui évolue en Ligue 2, est emmenée par l'attaquant néerlandais Erik Meijer (ex-Leverkusen et Liverpool). Rien d'insurmontable, a priori, même si Lille, depuis trois mois, a totalisé dix-huit rencontres officielles. « On ne veut pas se servir de la fatigue comme d'une excuse », prévient Mathieu Chalmé.

Après tout, le LOSC reste sur huit matches sans défaite en débarquant en Allemagne. Il s'y incline pourtant logiquement (0-1). « J'espère que, la prochaine fois, on écoutera ce que je dis », s'agace Claude Puel, qui a alerté ses joueurs sur l'ampleur du défi physique prévisible. Physique, Aix-la-Chapelle l'est, empêchant Lille de développer son jeu. Bilan : une seule frappe en quarante-cinq minutes (Moussilou, 43e). De l'autre côté, Bodmer sauve le coup une fois face à Meijer (29e), et c'est en seconde période, alors que les Lillois semblent avoir saisi la façon de maîtriser leur hôte, qu'ils encaissent un but : lob de Rolfes dans les 6 mètres vers le deuxième poteau, où Meijer transforme (67e). « On a fait un non-match, on s'est fait bouger, rentrer dedans », constate amèrement Puel.

Deux semaines plus tard, tandis qu'il s'apprête à affronter le Zenit Saint-Pétersbourg, il revient sur cette défaite avec un simple constat : « On a utilisé notre joker contre Aix-la-Chapelle, et il n'y a pas d'autre solution que de vaincre face au Zenit. » Les Russes restent sur un succès éclatant devant l'AEK Athènes (5-1), et leur entraîneur, le Tchèque Vlastimil Petrzela, affiche une certaine confiance : « Avec le Slavia Prague ou Liberec, j'ai toujours gagné mes matches amicaux contre des clubs français. » Sauf qu'à Villeneuve-d'Ascq (pour cause de travaux à Grimonprez-Jooris) la partie n'a rien d'amical. En défense centrale, Lille compte sur le Brésilien Rafael Schmitz, prêté six mois en 2004 à Samara (Russie) et qui connaît donc l'adversaire du jour. « Un plus », selon Puel. Le Zenit choisit de passer par les ailes et une frappe dangereuse d'Archavine permet à Sylva de se mettre en action (19e). Lille réplique par Bodmer, qui contraint le gardien Contofalsky à un arrêt en deux temps. Les Nordistes maîtrisent de mieux en mieux le match et, sur une frappe surpuissante de 25 mètres de Tafforeau, ouvrent le score (35e). Deux minutes après, Moussilou dribble le gardien russe, mais sa tentative est repoussée sur la ligne par Skrtel. Dommage car le Zenit, l'instant d'après, égalise grâce à Kerjakov (39e).

On n'arrête pas Moussilou !

La stupeur, par définition, est brève. Voilà donc Lille reparti vers l'avant. Avec Angbwa, à droite, qui donne à Landrin, dont la talonnade trouve Dumont. Il glisse le ballon à Moussilou, qui conclut cette action collective efficacement (43e). Grâce à un réflexe de Sylva sur une tête à bout portant d'Archavine (44e), l'avantage est préservé à la mi-temps. Il le sera jusqu'au bout, même si la seconde période est pénible. Un tir de Kerjakov est repoussé par le gardien sénégalais vers Spivak, dont la reprise heurte la barre (55e). À la 80e, Bystrov, seul devant le but, manque l'égalisation. Lille a tenu et envisage plus sereinement le déplacement à Athènes, trois semaines plus tard.

En Grèce, le LOSC a la possibilité de s'approcher de la qualification. Il ne la manque pas. Liberopoulos a l'opportunité d'ouvrir le score à la 6e minute, mais Plestan sauve le coup in extremis. Cette alerte n'empêche pas les Français de faire comme chez eux : Dumont à la frappe, repoussée par Mihailidis dans les pieds de Vitakic, qui conclut (27e). Les Athéniens ont du mal à exister, mais ils peuvent compter sur Liberopoulos. Une tentative sauvée par un réflexe de Sylva (29e), puis une reprise juste au-dessus

Moussilou est l'homme en forme du début de saison lillois. Il permet à son équipe de dominer le Zenit Saint-Pétersbourg.

(35e), rappellent aux Lillois qu'il est dangereux. Eux sont efficaces, et c'est mieux. Car après une tête de Katsouranis sur le poteau (59e), ils se mettent à l'abri suite à un tir croisé de Debuchy (64e).
Une tête du Ghanéen Amponsah, venu s'intercaler entre Audel et Angbwa, redonne un peu d'espoir à l'AEK (72e). La tête de Soares, qui rebondit sur la transversale à la 88e, avive les regrets grecs.
Avant son dernier match face à Séville, Lille est sûr de disputer les seizièmes de finale. « Ce n'est pas un exploit, relativise Brunel. Les Athéniens étaient un ton en dessous et on avait les arguments pour les bousculer. » Moins zen, Claude Puel reconnaît avoir tremblé : « C'était un match bizarre, qui s'est souvent joué sur un faux rythme. On était surpris d'avoir autant d'occasions mais, avec son potentiel offensif, l'AEK avait la possibilité de creuser la différence à tout moment. En deuxième période, les Grecs ont eu un poteau et une barre qui auraient pu faire basculer le match en leur faveur. » Seul Michel Seydoux, le président, ne cache finalement pas sa joie en cette soirée athénienne : « L'Europe commence à nous apporter beaucoup de bonheur. » Et un petit plaisir supplémentaire à domicile lors de l'ultime journée : le huitième but européen de Moussilou (cinq en Intertoto, trois en poule), permettant à Lille de dominer le FC Séville (1-0) et de terminer en tête du groupe. Commentaire du capitaine Brunel, passé par Lens et Marseille : « C'est la première fois que je vois des jeunes qui s'accrochent autant et qui n'ont pas le citron. »

À l'épreuve de Bâle

L'aventure reprend en 16es de finale le 17 février 2005, sept mois après le premier match de Coupe Intertoto contre Minsk (2-1). Les Lillois sont en Suisse, à Bâle, où le défenseur Murat Yakin est forfait. Ils retrouvent toutefois quelques connaissances : Sterjovski, un ex de la maison, et Müller, ancien capitaine de Lyon. « Bâle est un adversaire hors norme pour le championnat suisse, prévient Claude Puel, c'est une équipe bâtie pour jouer l'Europe. » Motivée en tout cas, puisque depuis le tirage au sort le staff techni-

En haut : un des huit buts européens de Moussilou est inscrit face à Séville, lors du dernier match de poule qui permet au LOSC de terminer premier de son groupe.
En bas : à Bâle, en seizièmes de finale aller, les Lillois protègent efficacement la cage de Sylva.

que helvétique a supervisé Lille dix fois. Du coup, l'ancien technicien monégasque innove avec un 4-1 ; 4-1 dont l'idée est de gêner les Suisses dans leur construction du jeu vers l'avant. Un coup franc de Rossi (3e) puis une sortie de Sylva face à l'Argentin (8e) présagent pourtant une soirée difficile dans un Sankt Jakobs Park réputé bouillant avec ses 25 000 abonnés. Il y a ensuite une tête de Gimenez (33e) puis un tir de Rossi (34e). Il ne faudrait pas imaginer Lille amorphe. Puel a demandé à ses joueurs de tenter leur chance, et ils obéissent : Brunel, de loin (5e), Tafforeau, de loin et fort et à ras du poteau (36e). La minute suivante, une main involontaire dans sa surface de Zwyssig n'est pas sanctionnée par M. Genov, l'arbitre bulgare. Mais, juste avant le repos, il oublie aussi de signaler une faute de main de Sylva, qui a saisi le ballon hors de sa zone. Dans les arrêts de jeu, il ne siffle toujours pas lorsque le gardien international Zuberbühler intervient rudement sur Tavlaridis (45e+1). Un coup franc de l'Australien Chipperfield est ensuite repoussé par Sylva (55e) qui, dans les secondes suivantes, remporte un duel décisif face à l'Argentin Carignano (55e) avant de montrer ses réflexes sur une reprise de Gimenez (64e). « Il a fallu un supergardien pour éviter l'ouverture du score », admettra Puel. L'entrée en jeu de Cabaye (76e) semble donner de l'air aux Lillois. Il se permet même une frappe chronométrée à 95 km/h qui passe au-dessus à la dernière minute de cette rencontre sans but. « On n'y a pas cru assez », regrette Chalmé.

Du coup, sept jours plus tard, à domicile, Lille se montre immédiatement plus ambitieux qu'en Suisse, même si Brunel est suspendu et Makoun toujours blessé. Après quinze minutes d'observation, le LOSC pose la main sur la rencontre. 15e : lob (manqué) de Moussilou. 20e : reprise d'Acimovic aux 6 mètres, détournée en corner par Zuberbühler. 21e : centre d'Acimovic, repris au-dessus par Landrin. 24e : ouverture de Moussilou vers Acimovic, dont la frappe est déviée par le gardien suisse. 30e : frappe de Moussilou dans le petit filet. La défense bâloise commence à tanguer. Elle va craquer. 37e : Bodmer sert Moussilou, esseulé, qui ouvre le score et inscrit son quinzième but de la saison toutes compétitions confondues. Le seizième, à la 52e minute, est refusé pour hors-jeu. La seule occasion suisse intervient à un gros quart d'heure de la fin, lorsque Rossi se débarrasse de Sylva mais ne parvient pas à redresser son ballon. Ensuite, Degen bouscule dans la surface Acimovic, qui transforme le penalty (78e). L'affaire est pliée. « Nous n'avons pas laissé de possibilités offensives à Bâle, analyse Puel. Nous avons réalisé un match très solide par notre sérieux et notre rigueur défensive. » Rapidement, il glissera sur le match du jour derrière lui pour n'évoquer que le prochain. Il rêvait de l'Ajax, pour un « déplacement dans un autre stade fabuleux ». Il aura droit, en huitièmes de finale, à une équipe possédant « plus de maturité que Lille et [à] un entraîneur avec un métier énorme et beaucoup de roublardise » : l'AJ Auxerre.

Landrin ou le symbole d'un LOSC très entreprenant au match retour.

Acimovic, fauché dans la surface par Degen, obtient un penalty qu'il transforme, assurant la qualification lilloise.

Toujours plus haut

Lorsque Auxerre se débarrasse des Danois d'Aalborg (1-1 ; 2-0) au premier tour de la Coupe UEFA, il ignore encore ce qui l'attend. Que l'inconnu qui guette, là, juste derrière cette petite porte vers l'Europe, sera en réalité un tue-l'amour. Mesdames, messieurs, l'Autriche avec le Graz AK, aimable faire-valoir de son rival local, le Sturm. Mesdames, messieurs, les Pays-Bas, avec AZ Alkmaar, leur stade champêtre où l'on joue à l'ombre de Feyenoord, du PSV Eindhoven et de l'Ajax. Mesdames, messieurs, la Pologne, avec l'Amica Wroncki, rival de loin du Wisla Cracovie et du Legia Varsovie.

Après tout, une Coupe pour seconds couteaux ne saurait être fréquentée par autre chose que des seconds couteaux. Mais, à l'instant où la campagne démarre, il n'est pas simple de s'enthousiasmer. Le Graz AK a pourtant l'air content de son voyage en Bourgogne, d'où il ramène un point après un match nul sans but et sans grand-chose d'autre d'ailleurs (0-0). « C'est un très bon résultat », s'enflammera l'entraîneur autrichien Walter Schachner. Guy Roux répond qu'il s'agit d'une « mauvaise performance », mais qu'elle peut être compensée par « une très bonne performance à l'extérieur ».

« C'était "Joyeux Noël" pour Auxerre »

À Alkmaar, par exemple, où Auxerre se déplace le 4 novembre 2004. « La formule des poules est très perturbante, annonce le gardien Cool. C'est

difficile, un peu bâtard, et il y a de grandes chances que ça nous désavantage parce qu'on ne peut pas gérer sur deux rencontres. » Prémonitoire, car l'AJ Auxerre s'incline aux Pays-Bas. À la 3e minute, les Bourguignons sont déjà derrière, le Belge Huysegems ayant repris efficacement un centre de Meerdink. Un quart d'heure après, le même Huysegems slalome dans la défense française et enroule sa frappe de 25 mètres (2-0). « Nous étions prévenus que notre adversaire était un spécialiste des départs rapides, regrettera Guy Roux. Malgré cette information, nous sommes partis très lentement, et le match était terminé au bout de vingt minutes à la suite de grandes absences défensives. »

À la 26e, le capitaine néerlandais Landzaat trouve le poteau. Auxerre est sans réaction, et ça ne changera pas jusqu'à la fin du match. Mais, avec un seul point en deux rencontres, l'AJA se retrouve obligée de battre les Polonais de l'Amica Wronki. Elle y parvient sans trop de souci, notamment grâce à un triplé de Pieroni. Mais c'est un coup franc de Mignot, dès la 1re minute, qui place Auxerre en tête. Pieroni entre en action à la 5e, avec un tir au ras du poteau (2-0). Kryszalowicz, qui reprend un corner à la 17e, redonne un peu d'espoir aux Polonais.

Un peu seulement, car Pieroni, encore, se jette pour inscrire le troisième but suite à un centre d'Akale (26e). Les deux mêmes rejouent la scène pour une conclusion de la tête signée Pieroni (26e, 4-1). Au repos, le match est plié. Juste avant, le gardien Malarz, touché au bas-ventre, a été remplacé par Cierzniak. À la reprise (47e), il stoppe de la main, hors de sa surface, une tentative de Pieroni. Carton rouge. Wronki joue alors à dix, avec Burkhardt dans le but. « J'ai quelques regrets, car on aurait pu marquer trois buts de plus après l'expulsion de leur gardien », dira Guy Roux. Il n'y en aura qu'un, signé Kalou (56e).

Page précédente.
En haut : le capitaine Lachuer lors de l'entrée en campagne d'Auxerre contre les Danois d'Aalborg.
En bas : Guy Roux n'est pas à Auxerre depuis 1905, mais il compte bien célébrer de belle manière le centenaire de son club.

En haut : Akale et Auxerre commencent par buter sur les Autrichiens de Graz.
En bas : un triplé de Pieroni permet à Auxerre de se débarrasser aisément des Polonais de Wroncki.

AUXERRE EN UEFA / Lille • CSKA Moscou

Bons baisers de Russie

Lille-Auxerre est le deuxième affrontement franco-français en Coupe d'Europe depuis Marseille-Monaco lors de la saison 1998-1999.

L'événement est rarissime. Une seule fois dans l'histoire des Coupes européennes, deux équipes françaises se sont affrontées : l'OM avait éliminé Monaco en huitièmes de finale de la Coupe UEFA 1998-1999 (2-2 ; 1-0). Lille-Auxerre est une autre affiche, qui récompense la constance des deux équipes jusqu'à ce moment de la saison et promet à la Ligue 1 un représentant en quarts de finale. « Si on élimine Auxerre, on poussera les portes de quelque chose de formidable », s'enthousiasme Tafforeau, tandis que Landrin martèle la confiance du LOSC : « On ne se sent pas en position d'infériorité face à Auxerre, surtout pas en Coupe. » C'est ce qu'on va voir...

Cool a besoin d'un peu de temps pour maîtriser un centre d'Angbwa en début de rencontre (10e). Acimovic essaie ensuite des corners directs (19e, 29e) tandis que Brunel, entre-temps, a buté sur le gardien auxerrois (24e). Les Auxerrois, justement, se signalent peu jusqu'à un tir d'Akale sur la barre (29e). Et puis, surtout, une frappe puissante du même Akale, que Sylva ne parvient pas à empêcher de finir dans son but (45e). L'AJA vire donc en tête au repos et répond à une tête dangereuse de Tavlaridis (56e) par une nouvelle frappe sur la transversale, cette fois signée Kalou. En fin de rencontre, Moussilou, bien décalé par Fauvergue, manque son contrôle et les Lillois rentrent au vestiaire battus. Et très abattus. « On est en train de gâcher tout le travail effectué depuis sept mois », peste Bodmer. L'analyse de Brunel est amère : « Akale, Kalou et Benjani se sont bien amusés ce soir. Ce n'est pas encore perdu, mais ce sera difficile d'accéder aux quarts de finale. Il faudra se sortir les tripes. Mais nous n'avons plus de bloc équipe. Il est temps de se parler et de se dire les choses en face. »

Les Français parlent aux Français

En face, justement, on cache sa joie, mais pas trop quand même, à l'image de Guy Roux : « Lille nous a secoués, mais on a fait le boulot. Le LOSC peut gagner partout, mais je ne vais pas chipoter, ce score est très favorable. » La semaine s'annonce tranquille en Bourgogne. Elle l'est moins dans le Nord, à en croire Chalmé : « On a discuté, on est allés un peu au clash. On s'est dit qu'on n'avait plus le droit à l'erreur, sinon on courait à la catastrophe. » S'imposer à l'Abbé-Deschamps relève de l'exploit, et lorsque les Lillois s'y avancent aucune équipe n'y est parvenue cette saison. « On est dans le dur, reconnaît Puel, mais, si on arrive à se qualifier, ce sera fabuleux. »

De ce match, on retiendra l'emprise lilloise. « Physiquement, on a imposé un combat », racontera Dumont. Mais le LOSC ne cadre pas un tir pendant quatre-vingt-dix minutes. Cool sort parfaitement en dehors de sa surface pour empêcher Moussilou de tenter sa chance (34e), et Akale répond par un tir au-dessus. Dans les arrêts de jeu de la première période, l'AJA est proche de recommencer le même coup qu'à l'aller, Akale évitant la sortie de Sylva et poussant le ballon vers le but vide. Seul le retour express de Vitakic évite l'ouverture du score (45e+2). Bodmer envoie ensuite le ballon au-dessus (58e), tandis que Brunel pique à côté une tête consécutive à un centre de Chalmé (59e), lequel commet, quelques minutes plus tard dans la surface lilloise, une faute non sanctionnée sur Akale (72e).

« Je ne suis pas fou, on a été barrés »

La voilà donc en quarts de finale et, comme en seizièmes de finale avec l'Ajax, c'est un « recalé » de la Ligue des champions qui l'y attend. Devancé par Chelsea et Porto, le CSKA Moscou n'a pas passé le premier tour de la C1, se contentant d'y broyer les espoirs du Paris SG (succès 3-0 au Parc des Princes). « À l'époque, on avait sur-

Même si Akale bute sur Sylva, le gardien de Lille, Auxerre s'ouvre la route des quarts de finale.

tout dit que le PSG avait mal joué, mais je peux vous dire que Moscou avait réussi un match formidable, prévient Roux. C'est une équipe vive, rapide, technique.» Un point de vue confirmé dans *L'Équipe* par Sergueï Semak, l'ancien Moscovite devenu parisien : «Valery Gassaiev, l'entraîneur, adopte toujours le même schéma : le CSKA attend l'adversaire et procède toujours par contres rapides. Il y a des joueurs qui peuvent faire la différence par leur technique individuelle, comme Carvalho, Vagner Love et Jirkov.»

Les avertissements ont-ils été bien reçus ? Ils n'empêchent pas les Auxerrois de rentrer de Russie quasiment éliminés puisqu'ils y subissent une véritable raclée (0-4). D'abord, un ballon mal dégagé revient vers Odiah, qui frappe du droit et touche Mathis. Cool est pris à contre-pied et ne peut empêcher l'ouverture du score (21e). Jusqu'au repos, Auxerre ne tremble plus et, en réapparaissant sur la pelouse, dispose d'une chance de revenir dans la partie. Mais Benjani, seul devant Akinfeiev, perd son duel (57e). Cinq minutes après, Vagner Love tombe dans la surface auxerroise. À cause de Mignot, estime l'arbitre, qui désigne le point de penalty. Ignachevitch le marque (63e). Il reste moins d'une demi-heure à tenir pour rentrer à la maison avec un solide espoir. Auxerre ne tiendra pas. L'AJA reçoit deux gifles en sept minutes : Jirkov centre de la gauche vers Vagner Love, esseulé et efficace (71e). Jirkov est encore impliqué sur le quatrième but puisqu'il déstabilise la défense française en entrant dans les 16 mètres avant de servir parfaitement Gousev, dont la reprise trompe Cool (78e). Et Jirkov est toujours là sur l'ultime fait du match : il est la victime d'un geste agressif de Mignot, qui vaut à l'Auxerrois, déjà averti à la 62e, un second carton jaune et un retour prématuré au vestiaire (84e). « On ne peut pas être fiers de nous, assène Violeau. C'est un peu dur à avaler, mais nous avons commis des petites erreurs qui ne pardonnent pas à ce niveau. » « On va essayer d'y croire encore », soupire Akale tandis que l'entraîneur moscovite a déjà « peur que [ses] joueurs considèrent le retour comme une formalité ».

Une énorme frustration

Il faut dire qu'aucune équipe n'a jamais remonté un tel handicap dans l'histoire des Coupes d'Europe. Pourtant, lorsque Kalou prolonge un corner de Mathis vers Lachuer qui ouvre le score dès la 9e minute, « ça nous a donné de l'espoir », avouera Guy Roux. Une faute d'Ignachevitch sur Benjani dans la surface russe n'est pas signalée (24e) et provoque la fureur de l'entraîneur français : « Si on regarde les deux matches à la loupe, un penalty imaginaire est accordé à Moscou à l'aller et, au retour, on nous en refuse un. » Jusqu'au repos, peu de mouvement à signaler, sinon deux frappes hors cadre de Lachuer et Kalou (37e, 45e+2). La seconde période n'est guère animée, même si l'entrée en jeu du Belge Pieroni redonne un peu de cœur à l'AJA. Il oblige Akinfeiev à une belle envolée (77e) avant de causer des misères aux défenseurs moscovites dans la surface et de s'y affaler. Penalty, cette fois, transformé par Kalou (78e). Trop tard. Comme Lyon la veille en Ligue des champions, les Auxerrois quittent la scène continentale sur une énorme frustration et quelques rancœurs à l'encontre du corps arbitral. « J'en ai gros sur la patate, dira Guy Roux, quelques semaines plus tard dans *L'Équipe*. Je ne suis quand même pas fou, on a été barrés. »

Page précédente.
À l'image de Pieroni et Akale, l'AJ Auxerre s'effondre face au CSKA Moscou, déjà tombeur du PSG en Ligue des champions.

En haut : Pieroni est malmené par les défenseurs russes. Auxerre n'est pas en route pour l'exploit.
En bas : le penalty réussi par Kalou assure la victoire à Auxerre, mais pas la qualification pour les demi-finales.

COUPE DE FRANCE

Le cadeau de Kalou

Fabien Cool brandit la coupe de France conquise par Auxerre face à Sedan au Stade de France (2-1, a.p.).

La coupe de France est retournée en Bourgogne. Guy Roux est venu la chercher le 4 juin, au Stade de France, là où il l'avait gagnée en 2003, et il l'a ramenée à Auxerre. Un cadeau d'adieu au club qu'il décida de quitter le lendemain de cette quatrième consécration (après 1994, 1996 et 2003). C'était comme une évidence tant la coupe, son esprit, sa magie mélancolique, son potentiel nostalgique et son enracinement semblent taillés pour l'emblématique entraîneur de l'AJA. Il y avait déjà de ce parfum-là lorsque les Bourguignons entrèrent dans la compétition, à Saint-Omer, face à Calais. Ce jour d'hiver, on célébrait le CRUFC, son aventure de l'an 2000 jusqu'en finale, et ses héros perdus çà et là, souvent loin d'une carrière professionnelle. Auxerre ne prit pas le temps de regarder dans le rétroviseur et, grâce à un but de Gonzalez (26e), repartit qualifié du Pas-de-Calais.

L'événement de ces 32es de finale est ailleurs. À Marseille, exactement, où Angers vient s'imposer (3-2). L'OM de Philippe Troussier débute pourtant tranquillement le match grâce à un but contre son camp de Dussart (11e). Le défenseur angevin égalise de la tête juste après le repos (57e) et marque surtout le début d'une autre rencontre. Un ancien Marseillais, Gourvennec, transforme un coup franc que son entraîneur Noël Tosi dira « platinien » à la 59e minute. « Un petit bijou qu'on peut apprécier à sa juste valeur si on n'est pas marseillais », selon Pape Diouf, le boss de l'OM. Mené au Vélodrome par une formation de bas de tableau de Ligue 2, Marseille va réagir. Sauf que Théreau reprend un centre de Cygan pour un troisième but d'Angers (63e). « On ne sait pas trop ce qui s'est passé en un quart d'heure, racontera Gourvennec. On se regardait, on n'y croyait pas nous-mêmes. » La réduction du score de Déhu, suite à un corner de Pedretti (73e), ne changera rien : l'OM est éliminé. Commentaire abattu de Pape Diouf : « Un match comme ça se gagne avec les tripes et on n'a pas vu de supériorité de notre part. » Commentaire abattant du milieu du SCO, Stéphane Stassin : « J'ai connu pire comme pression, même en Ligue 2. »

Langueux n'en croit pas ses yeux

Marseille touche ses 45 800 euros, comme toutes les formations sorties à ce stade, et s'en va piquer sa minicrise du mois. Istres, battu à Bordeaux (0-2), et Bastia, sorti à Sochaux (0-1), touchent aussi leur petit chèque en même temps que Strasbourg, qui a subi la loi de Sedan (1-3). « On a pris une leçon d'humilité qui va nous faire revenir sur terre », commente l'entraîneur alsacien Duguépéroux. Sur terre, Langueux n'y est guère. Le club breton de DSR est un petit poucet qui accueille le Paris SG. « Après le tirage, je ne l'ai pas cru, raconte le gardien Christophe Le Grand. On me disait Paris. Je voulais être sûr que ce n'était pas le PFC ! » En s'imposant 6-1, le club de la capitale atteste qu'il n'y a pas eu méprise...

Il n'y a pas eu surprise non plus, si ce n'est à Troyes, alors deuxième de L2, cueilli 1-3 par Albi (CFA). Quevilly, également en CFA, domine Guingamp (L2) sur le plus petit des scores (1-0). Le week-end s'apprête à finir en douceur pour les clubs de l'élite et voilà que Saint-Étienne trébuche spectaculairement. À Nîmes (National), les Verts mènent vite 2-0 grâce à un doublé de Piquionne (6e, 8e). « J'ai eu peur qu'on prenne une valise, que notre objectif se transforme en calvaire », dit l'entraîneur gardois Didier Ollé-Nicolle. D'autant qu'un lob de Hellebuyck finit sur la barre (21e). Mais Benhamou (31e) puis Beyrac (44e) ramènent les Crocodiles avant la mi-temps, Verschave portant le coup fatal à la 68e minute.

L'Angevin Stassin, ici entre les Marseillais Nasri et Cheyrou : « J'ai connu pire comme pression. »

Le Stéphanois Perrin subit la loi de Beyrac et des Nîmois dès les 32es de finale.

Le tour suivant, Nîmes affronte de nouveau une formation de L1 dans son stade des Costières. Et là encore, les Nîmois cavalent derrière le score puisque Dzodic, servi par André Luiz sur coup franc, marque dès la 5e minute. « On était pourtant prévenus », s'énerve Ollé-Nicolle, qui avait travaillé spécialement cette phase défensive à l'entraînement. À deux minutes de la fin, sur un dégagement du gardien Duchesne, Verschave lutte avec Dzodic dans la surface corse. Penalty réussi par Enza-Yamissi et prolongation, puis tirs au but. Duchesne repousse les tentatives de Rodrigo et Demont, Nîmes est en huitièmes. « Ajaccio n'a pas su faire le break, on a été transcendés par le public et on a eu un petit coup de chance », reconnaît le coach nîmois.
Ajaccio est le seul club de L1 à tomber face à une formation de niveau inférieure. Cinq rencontres confrontent des formations de l'élite. Sochaux gagne à Metz (1-0) et Rennes domine Caen (2-0) tandis que Lyon, grâce à un penalty de Diarra à la 78e minute, vient se qualifier à Toulouse. À Lille, ou plutôt à Villeneuve-d'Ascq, le derby contre Lens est bouillant. À cinq minutes de la fin, Cousin pense arracher la prolongation pour les Sang et Or qu'il ramène à 2-2. Mais le Nigérian Odemwingie donne le succès au LOSC à la 88e (3-2). Le lendemain, au Parc des Princes, Laurent Fournier débute sur le banc du Paris SG où il a remplacé Vahid Halilhodzic. Et ça démarre moyennement pour l'ancien Marseillais. À la mi-temps, Bordeaux est en avance. Un coup franc de Francia, au deuxième poteau, où Chamakh a devancé Pierre-Fanfan pour ouvrir le score d'une tête plongeante (42e). Le Bordelais enlève son maillot et reçoit un avertissement. Comme il en a déjà un pour tacle dangereux sur Armand (39e), il rentre définitivement au vestiaire. « C'est sûr que c'est plus facile à onze contre dix », reconnaît Fournier dont l'équipe obtient le droit de disputer une prolongation en toute fin de rencontre lorsqu'une frappe de Yepes trouve la lucarne de Ramé (86e). Le temps supplémentaire est l'allié des Parisiens et de Pauleta. D'abord à la réception d'un centre de Reinaldo (2-1, 97e), l'attaquant portugais inscrit le troisième but de son équipe d'un tir du gauche (117e). La part de responsabilité du nouvel entraîneur dans ce succès parisien (3-1) ? « Aucune », répond Fournier.
Et les petits poucets, que font-ils pendant ce temps-là ? Rhône-Vallée (DH), qui fédère quatre villes de la vallée du Rhône (La Voulte et Le Pouzin dans l'Ardèche, Loriol et Livron dans la Drôme), reçoit son voisin grenoblois et ouvre le score sur penalty par Fabra (21e). Quelques minutes d'espoir et Lefrançois (34e) puis Akrour (39e) remettent le club de L2 dans le bon sens. Même si, à la 88e, Fabra a encore droit à un penalty, cette fois repoussé par l'ancien gardien strasbourgeois Debec. À Saumur, l'autre Cendrillon également en DH, Nantes s'est aussi offert un court voyage. Et a plié l'affaire à la mi-temps via un doublé de Diallo (21e, 43e). Les clubs de L1 sont intraitables et se présentent à neuf en huitièmes de finale, ce qui est le meilleur total depuis la saison 1996/1997. Monaco est de l'aventure, vainqueur à Libourne-Saint-Seurin (4-2) grâce notamment à un triplé de Saviola dont deux buts à la 86e et dans le temps additionnel.
Finalement, la sensation vient encore d'Angers. Qui est éliminé par une équipe de CFA, Albi, décidément spécialisée dans l'équarrissage des pensionnaires de L2. Feucht ouvre le score dans la prolongation (105e) et Simeoni assure le succès albigeois face à des Angevins très faibles (119e). « On avait envie de jouer ce match, eux, peut-être que ça les emmerdait », tente d'analyser l'entraîneur d'Albi, Patrick Gougginsperg.

Clermont, cauchemar de Le Guen

Albi est le troisième représentant du CFA en huitièmes de finale avec Boulogne-sur-Mer et Quevilly. Les Normands tombent à Sedan (0-2) et en raison de la neige, la confrontation entre Boulonnais et Nantais est reportée à une date ultérieure. Il n'y a pas de gros flocons à Albi où Guy Lacombe, l'entraîneur sochalien, revient visiter le club où il a débuté en D3, à 20 ans. Sochaux s'impose 3-0. Paul Le Guen aussi a des souvenirs. De Clermont, où Lyon a rendez-vous, il se rappelle surtout d'un cauchemar. « Ne me parlez pas de Clermont ! prévient-il. Je n'ai pas de pire souvenir qu'à Clermont-Ferrand (où le PSG, qui menait 4-1 à la 68e minute, avait été rejoint puis éliminé aux tirs au but lorsqu'il était joueur). Je ne peux pas dire que c'est un bon tirage, pas moi... »

C'était le jour de ses 33 ans. Celui de ses 41 ans, les Auvergnats recommencent. Un coup franc de Rodriguez qui traverse le mur gifle l'OL (54e), mais Wiltord profite d'une ouverture de Frau pour égaliser dans le temps additionnel (90e+4). Dans la prolongation, Bouchard, le gardien clermontois, repousse une reprise de Malouda (108e), une tête de Frau (109e), une frappe lointaine de Bergougnoux (111e) et un tir de Wiltord (115e). Lors de la séance de tir au but, il stoppe celui de Wiltord alors que Frau a déjà raté le cadre. « Le talent n'a pas suffi, commente Coupet. Clermont méritait de gagner et nous a montré qu'il fallait aussi de l'engagement et de l'enthousiasme. »

Le champion est éliminé et si Monaco passe à Rennes après prolongation (1-0), un autre cador de L1 trébuche à domicile : le LOSC, éliminé par Grenoble (1-3 a.p.). Pourtant, Lille démarre bien avec, à la 32e minute, un but de Fauvergue servi par Tafforeau. Danic égalise sur coup franc à la reprise (48e) et Grenoble, présidé depuis deux semaines par le Japonais Kazutoshi Watanabe, tient le choc jusqu'à la fin du temps réglementaire. Juste avant la mi-temps de la prolongation, Danic profite d'un raté de Chalmé pour reprendre à bout portant un centre d'Akrour (105e) qui conclut la marque à la dernière minute (120e).

Page précédente.
En haut : le Lillois Odemwingie est félicité par Tavlaridis et Moussilou pour son but qui élimine Lens (3-2 à la 88e minute).
En bas : pour avoir enlevé son maillot en exprimant sa joie avec Darcheville, le Bordelais Chamakh sera expulsé face au Paris SG.

Huitième de finale fatal à Abidal et Lyon, sortis par Rodriguez et le Clermont Foot.

Danic le Grenoblois prend le meilleur sur Acimovic le Lillois. Le LOSC est sorti en prolongation.

Lille sort la tête basse, mais que dire de Nice ? À Nîmes, les Aiglons affrontent une équipe dont les joueurs font mine de bouder. « Il y a dans l'environnement du club des doutes et des interprétations sur notre état d'esprit qui ne serait pas le même en championnat et en Coupe, se plaint le capitaine Jean-Marie Pasqualetti. En gros, la Coupe nous serait préjudiciable. On en a marre ! » Les joueurs en veulent notamment à leur président, Jean-Louis Gazeau, qui se défend : « Les gens ont du mal à comprendre qu'on puisse battre Saint-Étienne et coincer contre Cannes ou à Romorantin. » Réplique du gardien, Cédric Duchesne : « Il ne faut pas cracher dans la soupe, la Coupe médiatise le club à fond. »

Nîmes, quelle aventure !

Le coup de stress ne se remarque pas sur la pelouse. Au repos, Nice est déjà mené 0-2. Un tir puissant du Malien Coulibaly (19e) et une reprise de Verschave (35e). Les Niçois sont tout mous et Nîmes en profite, Enza-Yamissi échappant à Cobos pour lober Gregorini (3-0, 66e). Quelques minutes plus, tard, sur un corner de Benhamou, Verschave peaufine le score d'une tête décroisée. « C'est extraordinaire ! » exulte-t-il ensuite. « C'est une humiliation ! » s'emporte Gernot Rohr, l'entraîneur de Nice.

Paris pense échapper à ce genre de mésaventure. À Auxerre, « si Paris perd, tout le monde trouvera ça normal », se rassure Laurent Fournier qui veut voir ses joueurs « retrouver une sérénité défensive ». D'où une défense à cinq qui exprime clairement les petites ambitions du PSG. Pourtant, Pierre-Fanfan marque le premier, profitant d'une largesse de Mignot au marquage et de la précision de Rothen sur coup franc (3e). Les Parisiens pensent tenir un petit exploit lorsque Ljuboja, démarqué par Armand, se présente seul face à Cool à l'entrée de la surface. L'ex-Strasbourgeois pique sa balle et Reinaldo devance Bolf pour tacler dans le but vide (24e). Pas d'extase pour autant car Auxerre revient dans la course avant le repos : corner de Violeau, tête de Kalou déviée par Pierre-Fanfan qui prend Alonzo à contre-pied (31e). « Ce but nous a bien aidés, souffle Guy Roux. En première période, c'était opération portes ouvertes. » Après, l'AJA pose sa main sur la rencontre et Paris n'a rien à y dire. Un centre de Gonzalez est prolongé en talonnant par Kalou vers Benjani qui égalise en force (77e). Le match vient de basculer. Deux minutes plus tard, Violeau lance Akale qui court plus vite qu'Helder

et trompe Alonzo à ras de terre. Le gardien parisien repousse un penalty de Benjani dans les arrêts de jeu (90e+3), mais ce n'est pas un exploit, juste une anecdote. « Si pour gagner à Auxerre, il faut mettre quatre buts, autant arrêter de jouer au foot, soupire Rothen. Ce qui nous arrive, c'est plus que le pire, on va de désillusion en désillusion. Cette équipe du PSG manque de caractère, point final. »

Boulogne se rêve en Calais

Auxerre vogue donc vers les quarts de finale où lui est promis le petit poucet, Boulogne-sur-Mer, tombeur de Nantes dans une partie décalée. Un penalty de Savinaud à la 63e a donné un avantage qui semblait définitif aux Nantais, menés d'entrée (but de Ducatel à la 6e), puis remis en selle par Pujol (11e). Mais Boulogne se rêve un destin à la Calais et égalise à la 67e (Louiron). La prolongation semble inéluctable quand Ehouman tente le tir en pivot qui passe à ras du poteau de Landreau, du mauvais côté pour l'international. « Trois buts, ça fait beaucoup contre une équipe de CFA, mais sur la forme, il était difficile de prétendre à la qualification », reconnaît Serge Le Dizet, le coach nantais. « Profitons-en, clame l'ancien Calaisien Hogard. Ce sont des moments énormes qu'on ne pourra plus vivre dans quelques années. » Un mois plus tard, à Lens, où Boulogne reçoit Auxerre, l'ambiance promet d'être énorme. À un quart d'heure de la fin de ce quart de finale, « mais ils sont où les Auxerrois » envahit le stade Félix-Bollaert. Le refrain est chambreur et prématuré. Si Ehouman a battu Cool d'une frappe de 25 mètres (76e), si les arrêts de jeu viennent de débuter, Auxerre n'a pas abdiqué. Et le prouve grâce à Grichting qui égalise pendant que Benjani immobilise Ménétrier (90e+1). « Il y a 100 % faute », se plaindra ensuite le Boulonnais. Ce but a sectionné l'ardeur du petit poucet, cueilli par Pieroni à la 98e.

Page précédente.
En haut : Verschave, auteur d'un doublé face à Nice et Traoré, dans un match complètement dominé par Nîmes, qui évolue pourtant en National (4-0).
En bas : Coridon et Paris ont failli s'imposer à Auxerre, mais n'ont pu résister au retour de Kalou et des Bourguignons.

En haut : Louiron égalise pour Boulogne-sur-Mer (CFA) qui élimine Nantes et Landreau dans un huitième décalé.
En bas : délivrance dans les enjeux pour Auxerre qui arrache la prolongation aux Boulonnais, finalement éliminés.

SPORT FRANCE

Les trois autres quarts de finale se décident également en prolongation. À Sedan, le choc de L2 face à Grenoble est lancé par une frappe dans la lucarne de Noro. Les Ardennais sont rattrapés suite à un corner de Danic bien suivi par Rojas (75e). Et juste avant la fin, une volée de Citony concrétise la domination sedanaise (118e). À Monaco, Clermont (L2) fait le poids plus de 90 minutes et il faut un exceptionnel sauvetage de Roma pour empêcher un tir de Darbelet de trouver la cible (102e). Celui de Camara fait mouche juste avant la minimi-temps (105e). La rencontre la plus spectaculaire se déroule une nouvelle fois aux Costières, à Nîmes. Chavas a donné l'avantage aux Crocodiles (23e). Mais Sochaux, grâce à un doublé de Kader (27e, 39e), vire en tête au repos et assomme son hôte avant l'heure de jeu par l'intermédiaire d'Ilan (3-1, 57e). En cinq minutes, les Crocodiles injectent une dose de folie dont ils ont le secret. Enza-Yamiss, d'abord, reprend efficacement un centre de Cantareil (72e), puis Kandé est à la réception d'un corner de Benhamou (77e). « À 3-3, j'étais sûr qu'on allait passer car Sochaux était dans la merde », crânera après-match Ollé-Nicolle. Il ne s'est pas trompé. 105e : tir de Verschave dévié par Monsoreau. Richert se saisit mal du ballon et le relâche derrière sa ligne. 4-3. « On se souviendra de notre équipe qui a éliminé quatre L1 (Saint-Étienne, Ajaccio, Nice, Sochaux) la même année », s'enthousiasme l'entraîneur gardois.

Il n'y aura pas de cinquième victime. En demi-finale, les Nîmois se déplacent pour la première fois en Coupe depuis le 20 novembre 2004 (succès 3-1 à Aubagne). Ils montent en bus à Auxerre, « l'Annapurna », selon Ollé-Nicolle, qualifié de Guy Roux des Vosges par *France Football* à la fin des années 1990, lorsqu'il entraînait Raon-l'Étape. Guy Roux a une autre perception géographique du match : « Il faut avoir émigré en Mongolie du Sud pendant au moins six mois pour ne pas faire de Nîmes son favori. »

En première période, Kalou puis Violeau envoient le ballon sur la transversale (39e, 44e). Et le jeu vient à peine de reprendre quand Kalou transforme un penalty provoqué par Mathis (46e). Nîmes n'embrase pas l'Abbé-Deschamps comme les Costières et encaisse un deuxième but par Tainio à la 77e. Malgré un coup franc de Verschave à l'ultime minute, les Crocodiles s'arrêtent là.

Sedan, prince du Rocher

Monaco aussi. À Louis-II, l'ASM est incapable de battre Sedan à qui Citony ouvre la route du Stade de France à la 75e. « Faute professionnelle », selon Modesto. Grand bonheur pour les Ardennais qui disputent, après celles de 1956, 1961, 1965 et 1999, leur cinquième finale de

Spectaculaire quart de finale aux Costières où Richert et Sochaux cèdent en prolongation (4-3).

Verschave court après un nouvel exploit que les Nîmois ne réussiront pas face à Kaboul et des Auxerrois implacables.

Revoilà Sedan ! Les Ardennais de Ducourtioux s'imposent en demi-finale à Monaco où Perez et ses coéquipiers laissent filer leur dernière chance de remporter un trophée.

COUPE DE FRANCE

Coupe de France. Coincée dans un week-end de matches éliminatoires pour la Coupe du monde 2006, elle est un casse-tête pour les entraîneurs et notamment celui d'Auxerre qui voit Kalou jouer la veille en Libye avec la Côte-d'Ivoire. Il débute donc la rencontre sur le banc. Et regarde la pluie tomber sur Saint-Denis tandis qu'il ne se passe pas grand-chose hormis des chevauchées de Cheyrou (17ᵉ) et Akale (23ᵉ).

Bloc contre bloc, hérisson contre porc-épic, la Coupe ne déborde pas. L'ennui guette quand soudain déboule Benjani. Le Zimbabwéen s'échauffe en plaçant une tête sur le poteau (31ᵉ) avant de tromper Regnault d'un tir opportuniste mais précis à l'entrée de la surface (37ᵉ). Auxerre serre alors très fort la gorge de son adversaire, englué au milieu de terrain. De nouveau, plus rien. Plus rien et puis Noro. De 30 mètres, le Sedanais envoie le ballon s'écraser sous la barre et derrière la ligne de but (64ᵉ). Une égalisation spectaculaire donnant à cette finale un relief nouveau, un souffle exhalant émotion et adrénaline. Tout cela monte d'un cran à l'instant où Mignot renverse Citony dans la surface auxerroise, mais Bruno Derrien, arbitre de cette finale, demande au Sedanais de se relever (76ᵉ). Les Ardennais s'arc-boutent, transpirent de concentration, d'application. La prolongation leur tend les bras, l'exploit n'est plus si loin. Le temps additionnel est quasiment achevé et voilà qu'Akale gicle sur la gauche. Il centre. Kalou est là. L'Ivoirien est entré à la 72ᵉ minute. Son pied droit est ouvert, sa volée parfaite (90ᵉ+4). « Le joueur de talent a su mettre le pied... » dira Guy Roux, ému d'égaler le record du Lillois André Cheuva, vainqueur comme lui de quatre Coupes de France. Ému, aussi, de conclure de manière aussi monumentale une carrière de quarante-quatre ans.

L'instant décisif où Kalou, qui vient d'entrer en jeu, offre la Coupe à Auxerre au bout des arrêts de jeu.

Noro, le magique buteur sedanais, échappe à Mignot.

Benjani a ouvert le score et lancé Auxerre vers un quatrième succès dans l'épreuve.

Le duo ivoirien Kalou-Akale, symbole de la réussite auxerroise.

Le capitaine fidèle, Lachuer, entouré des figures historiques de l'AJA, Gérard Bourgoin et Guy Roux.

À domicile, l'OM de Meïté trébuche face à Ljuboja et au PSG.

Paris. On attend une réaction d'orgueil », insiste-t-il. Si l'OM aligne son onze majeur, Vahid Halilhodzic la joue très Coupe de la Ligue. Yepes, Pauleta et Pancrate sont absents. Benachour, Boskovic et Ibisevic sont titulaires.

Devant 57 000 supporters, l'OM prend les devants en fin de mi-temps sur un coup franc de Pedretti (38e) et un penalty de Bamogo (40e). Boskovic réduit l'écart juste avant le repos (45e+2). « Ce but nous a fait mal, confessera Barthez après coup. Il y a eu des petites engueulades entre joueurs à la mi-temps. »

Un superbe lob de Boskovic ramène le PSG à hauteur (54e). Et dans le temps additionnel, une grosse bourde de Lizarazu offre à Mendy l'occasion de se jouer de Barthez (90e+1).

L'OM consterné, l'OM sonné

Les Parisiens montent dans le grand huit, tandis que la désolation s'abat sur Marseille. Pedretti est lucide : « Perdre deux fois en trois jours contre Paris, on a bien compris que c'était grave. » « C'est la consternation, nous sommes sonnés », lâche le manager sportif Pape Diouf. Ça tangue dur sur la Canebière. « Tout le monde nous voyait recevoir une raclée avec une équipe bis, dit Alonzo. Cela ne me regarde pas si les Marseillais font un blocage. Nous, on a pris notre pied. »

Après d'aussi fortes émotions, la Coupe de la Ligue, qui a servi le dessert en entrée, va reprendre tranquillement son rythme de croisière. Sur un penalty de Mansaré (85e), Montpellier (L2) ramène un bien piètre Paris sur terre et dans une nouvelle situation de détresse. Le coup de l'équipe bis ne marche apparemment que contre l'OM.

Fin de parcours également pour Lille, piégé à Strasbourg lors de la séance des tirs au but (1-1, 4-2). Farnerud (72e) avait répliqué à Makoun (47e). En prolongation, Lille, réduit à dix (Plestan expulsé à la 53e), est sans cesse aux abois. La victoire alsacienne est méritée.

Celle de Caen est remarquable. Les Normands s'imposent à Sochaux au bout d'un match sans but (0-0) au cours duquel Vincent Planté, le gardien caennais, a sans cesse repoussé l'échéance. Lors de la séance des tirs au but, il dévie les frappes de Tall et de Diawara.

« Les tirs au but, explique le héros du jour, c'est comme un billet que tu tires d'un chapeau. Nous voilà lancés dans une aventure que nous voulons essayer de pousser le plus loin possible. » « Notre vrai objectif c'est le maintien », rappelle son entraîneur Patrick Remy.

C'est aussi l'éternel objectif de Guy Roux. Son AJA s'impose (2-1) contre Nantes, en passant les Canaris au rouleau compresseur en fin de rencontre. « Une victoire à l'auxerroise », dira le gardien nantais Landreau. Ahamada avait ouvert le score (21e). Pieroni égalise (79e) et Benjani achève les Nantais (87e). « Nous sommes toujours engagés dans quatre compétitions ; c'est lourd », soupire Guy Roux, qui voudrait presque qu'on le plaigne.

Caen se charge de délester la barque auxerroise, en atteignant, au terme d'un nouveau match à rallonge disputé en Bourgogne, la première demi-finale de son histoire. Archidominés en première période, les Normands ont deux superbes occasions de prendre les devants quand Watier, seul face à Cool, rate son lob (60e), puis quand Deroin, seul devant le but, met son coup de tête à côté (79e).

L'intuition de Planté

L'intraitable Vincent Planté maintient l'équilibre sans avoir à sortir le grand jeu. Quand Pieroni ouvre enfin le score (107e), tout le monde croit l'affaire pliée. Sauf les Caennais, qui obtiennent un penalty pour une faute de Sagna sur Zubar. Watier s'y reprend à deux fois pour tromper Cool (109e). Une fois de plus, les tirs au but sourient aux Normands. Après onze frappes réussies, Planté repousse la tentative de Mignot. Une nouvelle fois, l'exploit est de taille. « J'ai remarqué que les cinq premiers tireurs avaient tous choisi le même côté, raconte le gardien caennais. Alors sur le sixième, je me suis dit que je devais changer et aller de l'autre côté. »

Pour Strasbourg, l'obstacle est moins élevé. Clermont (L2) n'a plus gagné depuis deux mois et demi quand il débarque en Alsace affronter un Racing qui galère en queue de L1. « Rester à huit derrière et construire un mur, on ne sait pas faire », explique le capitaine auvergnat Richard Jezierski. Effectivement, Clermont ne sait pas faire. Servi par Farnerud, Pagis ouvre la marque (24e). Par un juste retour des choses, Pagis sert Farnerud pour le deuxième but (29e). Et c'est encore le Suédois qui est à l'origine du troisième en alertant Johansen (34e).

Il faut vraiment que Strasbourg y mette du sien pour relancer un semblant de suspense. Mais les buts de Samson (62e et 83e), s'ils sanctionnent une affreuse seconde période alsacienne, ne changent rien au cours de l'histoire.

« Il est peut-être préférable de se qualifier comme ça, estime l'entraîneur Jacky Duguépéroux. Mes joueurs ont constaté que lorsque l'on ne fournit pas d'efforts on peut se laisser punir. En championnat, il faut produire du jeu. En Coupe, il faut se qualifier. C'est donc une bonne soirée. »

Bonne soirée également au stade Bollaert pour Saint-Étienne qui exécute un Lens en pleine tourmente. Piquionne (21e), Feindouno sur penalty (73e) et Marin (89e) enthousiasment le peuple vert qui attend depuis 1982 de pouvoir assister à une finale.

« Ça fait mal », souffle le président nordiste Gervais Martel.

Montpellier aussi souffre lors de son quart de finale. Ce n'est pas tant d'avoir perdu à la Mosson contre Monaco qui le désole, mais d'avoir perdu contre un Monaco qui s'est volontairement privé au coup d'envoi de Roma, Givet, Evra, Squillaci, Zikos, Saviola, Plasil et Kallon, sans oublier Chevanton, blessé. Les jeunes Oshadogan, Veigneau ou Gigliotti sont titulaires. Adebayor ouvre le score (60e). L'arrière gauche Olivier Veigneau, 19 ans, accentue l'écart sur une passe de Gigliotti (78e). La réduction du score par Lafourcade (80e) est un simple baume au cœur pour l'équipe héraultaise.

Farnerud marque à chaque tour de Coupe de la Ligue, y compris contre Saint-Étienne, éliminé par Strasbourg en demi-finale (1-0).

Monaco creuse sa tombe

En matière de cynisme, Didier Deschamps est encore plus gonflé que Guy Roux : « Malheureusement, dit-il, Monaco est toujours en course sur les quatre tableaux. »

À force de chercher la défaite, Monaco finit par la rencontrer à l'occasion de la demi-finale disputée à Caen. Une fois encore, c'est une équipe *bis* que Deschamps envoie au front. Chevanton et Maicon sont blessés. Roma, Bernardo, Zikos, Kallon et Saviola sont absents. Squillaci, Adebayor, Plasil et Evra sont sur le banc. Pourtant, l'ASM a le vent en poupe, restant sur treize matches sans défaite (onze victoires et deux nuls).

Sur une mauvaise pelouse, qui accroît les déchets techniques, Mazure marque du gauche sur une déviation de Deroin (32ᵉ). Deroin lance ensuite Lemaître en profondeur pour un but en deux temps (42ᵉ).

Au repos, la messe est pratiquement dite. Monaco doit encore avaler une hostie amère quand Audard, le remplaçant de Roma, percute Watier, qui se présente seul devant lui. Carton rouge et penalty transformé par Watier.

Le penalty ultime d'Adebayor (82ᵉ) n'est qu'un détail. Caen tient son incroyable finale après avoir sorti Sochaux, Auxerre et Monaco, excusez du peu.

« À la fin, explique Deroin, les Monégasques étaient vexés. Ça n'est jamais agréable de perdre à la campagne. En Coupe, on passait pour des bons à rien. Pour nous, c'est énorme. »

« Cette finale sera historique, mais elle le sera encore plus si on gagne, tempère Patrick Remy. Pour l'instant, je l'échangerais bien contre le maintien. » Caen peine à vivre son bonheur.

Strasbourg n'est pas mieux loti, qui émerge à la dix-huitième place du classement au moment d'accueillir Saint-Étienne. Sur une pelouse gelée, les cigognes alsaciennes prennent leur envol pour Saint-Denis. Strasbourg fait le jeu. Niang bute sur Janot (35ᵉ). Quand Alexander Farnerud croit avoir ouvert le score (49ᵉ), un drapeau levé inopinément le frustre car il n'était pas hors jeu. Ce n'est que partie remise pour l'homme-Ligue, buteur à chaque tour et qui marque le seul but de la rencontre sur une ouverture de Pagis (55ᵉ).

Sa réussite stupéfie le jeune Suédois (20 ans) : « Je n'arrive pas à expliquer pourquoi je marque. J'ouvre le pied et voilà. J'ai simplement besoin de sentir que l'on croit en moi. » « J'ai dû lui expliquer que le talent ne suffit pas, qu'il fallait plus de gnac », dit Jacky Duguépéroux.

Lemaître inscrit le deuxième but caennais en demi-finale contre Monaco.

Mazure fait des misères à Perez et à Monaco en ouvrant le score.

Le gardien monégasque Audard s'apprête à faucher Watier dans sa surface.

Dugardein, Planté, Hengbart, Lemaître, Dufer, Faye et Watier sont en route pour le Stade de France.

Pour finir de boucler la boucle, l'entraîneur alsacien entonne le pénible refrain à l'heure de monter sur Paris : « À choisir entre la Coupe de la Ligue et le maintien, je choisirais le maintien. » Que dire alors de Caen ?

Le coup de canon de Devaux

Strasbourg est quatorzième, Caen dix-neuvième. Les Normands viennent de s'incliner à domicile contre Bastia (1-0). De là à dire que les finalistes ont la tête ailleurs, il n'y a pas loin. « On a pris un gros coup au moral contre Bastia, affirme le défenseur Frédéric Danjou. C'est un énorme gâchis. Avec un an de plus, cette équipe aurait pu réaliser de belles choses. Le cœur ne suffit pas. Il faut la tête, l'expérience. »

Plus de 25 000 Normands et 30 000 Alsaciens ont envahi un Stade de France archiplein. Si l'affiche n'est pas spécialement alléchante, l'ambiance est formidable et le jeu à la hauteur de ceux qui le pratiquent, ce qui n'est déjà pas si mal.

Planté sauve de la jambe devant Niang (4e). Servi par Lemaître, Mazure frappe à côté (24e). Strasbourg a pris le jeu à son compte. L'arbitre Gilles Veissière ne siffle pas un penalty pour une faute de Planté sur Pagis (36e). Erreur vite oubliée quand Niang récupère parfaitement d'une tête croisée un centre d'Abdessadki (39e).

Mais un superbe enchaînement – contrôle du droit, reprise en extension en force du gauche – de Mazure ramène Caen à hauteur (43e).

Le temps file. Un nouveau but sera déterminant. Il survient quand Lesoimier, entré en jeu deux minutes plus tôt, se fait sanctionner d'un sévère coup franc. Pagis décale Jean-Christophe Devaux, dont la frappe de mammouth sous la barre file entre les bras impuissants du grand Planté, coupable sur ce coup-là (79e).

« J'ai fait le mauvais choix, dira-t-il après avoir séché ses grosses larmes. J'avais décidé de mettre les poings, je n'ai pas eu le temps. À pleines mains, je l'aurais sorti. Je n'ai aucune excuse. »

« Je ne me suis pas posé de questions, racontera le buteur décisif. J'ai mis la patate. Je savais que si je cadrais le gardien pouvait passer au travers. »

Strasbourg sauve sa saison en même temps que Duguépéroux enlève sa deuxième Coupe de la Ligue après celle de 1997. Une performance unique pour un entraîneur.

« Ce soir, je me sens respecté, dit-il. Il y avait un peu de moi dans mon équipe. De l'humilité, de la simplicité, de l'abnégation. »

Les Caennais ne s'égarent pas en vains regrets. « On n'était pas loin de notre maximum, constate Mazure. Il n'est pas très élevé, mais c'est déjà bien de l'avoir atteint le jour J. » Le dernier mot est pour Devaux : « Il ne faut pas s'enflammer. L'objectif reste le maintien. »

Ainsi va parfois la Coupe de la Ligue, vite brandie, vite embrassée, vite promenée et vite rangée.

Niang est virevoltant au milieu des Caennais. Il ouvrira le score à la 39e minute.

Planté a mal jaugé la frappe de Devaux qui s'écrase sous sa barre.

Mazure avait redonné espoir à Caen en égalisant avant le repos.

Devaux, en marquant à onze minutes de la fin, offre à Strasbourg une Coupe de la Ligue inespérée en début de saison.

Le PSG et l'OM recalés

Drôle de saison, qui laissera avant tout le souvenir d'énormes et assourdissants fracas. Rivalisant dans la médiocrité et le tapage, Paris et l'OM ont respectivement perdu 10 et 8 points d'une année sur l'autre. Ils se retrouvent au fin fond de la classe. La déception est à la hauteur des objectifs fixés en début de saison.

De telles catastrophes footballistiques et humaines masquent forcément un peu les bonnes surprises qui ont nom Lille, Rennes, Strasbourg, Saint-Étienne, voire Ajaccio. Quant à Auxerre, il survit à toutes les saignées.

La domination lyonnaise était attendue. La note – 17 sur 20 – est identique à celle de la saison précédente. Lyon a écrasé le championnat, manqué de peu de franchir cette fois-ci les quarts de finale de la C1, mais n'est pas encore entré véritablement dans le cœur des Français. Pour cela, il faudra faire encore mieux à l'échelon européen.

Nantes aurait pu porter le bonnet d'âne. Ce triste privilège revient finalement à Bastia, qui a mêlé médiocrité sportive et ambiance détestable. Le sport et le racisme ne feront jamais bon ménage.

Voici les notes des 20 équipes de L1 suivies des objectifs que les entraîneurs – une espèce en voie d'extermination – s'étaient fixés avant le démarrage des compétitions.

17/20 : Lyon

Paul Le Guen : *« La permanence au niveau de la C1 sera l'objectif principal. En L1, la concurrence sera très sérieuse avec l'OM, le PSG et Monaco, mais on sera dans le coup. »*

Parvenue dans la plénitude de son art en championnat de France, l'équipe lyonnaise regrettera forcément son élimination par le PSV en quart de finale de la C1 à l'issue d'un parcours ponctué de superbes démonstrations. Si l'élimination à Lille en Coupe de la Ligue n'est pas honteuse, celle concédée à Clermont en Coupe de France relève en revanche de la fausse note. Une grande saison malgré tout, qui permet à l'OL d'entrer dans l'histoire avec son quatrième titre consécutif.

15/20 : Lille

Claude Puel : *« Il faut laisser ce groupe se construire. Nous appartenons au peloton qui doit éviter en priorité la relégation. »*
Soit Puel est un cachottier, soit il a dû lui-même être très surpris par la performance de sa jeune bande qui a inventé un style de jeu fait de solidité, d'efficacité et de finesse technique. Le magnifique parcours européen, commencé en Coupe Intertoto, n'a pas nui à la marche en avant en L1, en dépit d'un petit coup de mou au cœur de l'hiver. L'élimination à domicile par Grenoble (L2) en Coupe de France est le seul petit couac d'une superbe et surprenante saison.

13,5/20 : Auxerre

Guy Roux : *« Tous les espoirs sont permis au-dessus de la 17e place. Notre place moyenne sur vingt-quatre ans est de 5,6. On va essayer de ne pas trop l'abîmer et d'aller en quart de finale de l'UEFA. »*
« Une belle saison commence quand on est européen ou qu'on gagne une coupe », aime aussi à dire Guy Roux. Alors on peut dire qu'Auxerre, qui n'a fait aucune impasse et a disputé 59 matches officiels, a accompli une belle saison en dépit d'une fin de championnat difficile. Les départs conjugués de Kapo, Mexès, Cissé et Boumsong ressemblaient à un coup fatal. Mais l'AJA est bel et bien allé en quart de finale de la Coupe de l'UEFA, avant de gagner la Coupe de France, permettant à Guy Roux de s'offrir une magnifique sortie.

LE CARNET DE NOTES

13/20 : Rennes

Laszlo Bölöni : *« Je serai très content si l'équipe reste en L1. Si nous faisons mieux j'en tirerai une grande satisfaction. »*
Ayant transformé son stade en une forteresse quasi imprenable, Rennes a longtemps souffert de sa faiblesse à l'extérieur avant d'y réussir deux ou trois jolis coups. Additionnés aux errements de ses rivaux, ils lui ont permis de conquérir l'Europe. Ce résultat inespéré mérite à lui seul une mention, d'autant que c'est tout de même contre Monaco et Auxerre que le club breton a cédé dans les deux Coupes.

12,5/20 : Strasbourg

Antoine Kombouaré : *« J'espère que nous obtiendrons les points du maintien le plus rapidement possible. Après, ce serait bien de s'approcher au plus près de la 10e place. »*
Kombouaré écarté après un départ catastrophique, Jacky Duguépéroux a tenu les objectifs de son prédécesseur. Finalement 11e de la Ligue 1, Strasbourg, avec pugnacité plus qu'avec brio, est venu cueillir la Coupe de la Ligue, tirant le maximum d'un effectif sans véritable star. Ce qui lui vaut une mention logique.

12/20 : Saint-Étienne

Élie Baup : *« On parle de maintien parce qu'on ne peut pas et on ne doit pas évoquer autre chose. On aborde ce championnat avec modestie. »*
Si Piquionne était sorti vainqueur de son dernier face-à-face du championnat contre Flavio Roma et Monaco, les Stéphanois se seraient retrouvés en Coupe de l'UEFA. C'est dire à quel point l'équipe de Baup, encore 17e après 10 journées, a effectué une formidable remontée et réveillé la fièvre verte. Première des équipes de L1 à se faire sortir à Nîmes en Coupe de France, Saint-Étienne a poussé jusqu'aux demi-finales son aventure en Coupe de la Ligue. Pour tout ce bel ouvrage, une mention pour les Verts.

11/20 : Monaco ▶

Didier Deschamps : *« Pour viser le titre, il est indispensable qu'on se renforce encore. Il faut absolument enrôler un joueur offensif et, là, on sera parés. »*
L'arrivée de l'Argentin Saviola n'a pas suffi. En fait, la mayonnaise n'a jamais véritablement pris cette saison, en Principauté, où qualitativement les arrivées n'ont pas vraiment compensé les départs, notamment ceux de Giuly et Rothen. Souvent besogneuse, l'équipe monégasque a toutefois assuré l'essentiel, franchissant au passage le premier tour de la C1 et poussant ses parcours dans les deux Coupes nationales, malgré d'énormes et souvent incompréhensibles impasses qui ont fini par lui coûter cher. Une saison en demi-teinte.

11/20 : Ajaccio ◀

Dominique Bijotat : *« Nous n'avons ni le droit ni la possibilité de penser à autre chose qu'au maintien. »*
C'est un miracle permanent qui se produit depuis trois saisons dans le sud de la Corse, où ce club sans moyens et sans installations dignes de ce nom parvient à se maintenir parmi l'élite. Gloire à Rolland Courbis, arrivé en cours de saison, et à ses hommes qui ont souvent produit du jeu et mis quelques gros bras en très grande difficulté.

10,5 : Toulouse ▼

Éric Mombaerts : *« La qualité du groupe est supérieure à l'an passé, mais la quantité est moindre. On devra donc faire mieux que la 16e place. »*
Si le championnat s'était arrêté une dizaine de journées plus tôt, Toulouse aurait obtenu une jolie mention. Avec deux ou trois journées de plus, Toulouse aurait fréquenté les cancres. Mais l'effondrement final (8 défaites de rang) ne doit pas masquer que l'effort de recrutement a longtemps porté ses fruits et permis au TFC de s'imaginer un destin européen.

LE CARNET DE NOTES

10/20 : Sochaux ▶

Guy Lacombe : *« Ceux qui restent doivent combler les trous laissés par les partants. Si c'est le cas, on devrait réaliser une saison satisfaisante, même si les objectifs ne sont pas du tout les mêmes. »*
Note très moyenne pour une saison très moyenne. Troisième après quinze journées, Sochaux s'est étiolé, glissant jusqu'à la 10e place. Le parcours honorable en Coupe de l'UEFA ne compense pas les éliminations face à Caen, à domicile en Coupe de la Ligue, et à Nîmes en Coupe de France.

10/20 : Caen ◀

Patrick Remy : *« Il est encore trop tôt pour envisager quoi que ce soit d'autre que le maintien. Et puis j'aimerais retourner en finale de Coupe de France, comme avec Sedan en 1999, mais cette fois-ci pour gagner. »*
Sedan est retourné en finale de la Coupe de France sans Remy, qui est allé en finale de la Coupe de la Ligue sans gagner. Avant d'être viré. Pourtant, si le club normand est finalement retourné en Ligue 2, son combat magnifique pour la survie ainsi que son parcours en Coupe de la Ligue méritent un coup de chapeau en forme de moyenne.

9,5/20 : Metz ▼

Jean Fernandez : *« Ce n'est pas manquer d'ambition que dire que nous jouons le maintien. Une fois celui-ci assuré, nous pourrons grappiller quelques places. »*
Après un formidable début de championnat, Metz a fini par éprouver ses craintes habituelles en fin de saison. Mais que se serait-il passé s'il avait pu conserver la révélation Franck Ribéry, parti en janvier après avoir délivré 8 passes décisives en 19 journées ? Les deux éliminations rapides à domicile dans les Coupes nationales, contre Sochaux et Bastia, constituent une petite déception.

9/20 : Lens ◀

Joël Muller : *« Avant de parler de la Ligue des champions, essayons déjà de nous en rapprocher. On a fini deux fois 8es. On va tenter de progresser, dans un premier temps, vers les cinq premiers. »*
À trois mois du terme, Lens était plus près du 2 que du 10. L'arrivée de Francis Gillot à la place de Joël Muller a permis de redresser la barre en fin de saison, jusqu'à conquérir l'Intertoto, ce qui est un moindre mal lorsque l'on a tremblé pour le maintien. Mais, compte tenu de la qualité supposée de son effectif et de son gros échec en Coupe de la Ligue (défaite 3-0 à domicile contre Saint-Étienne), Lens n'a pas du tout répondu aux attentes de ses supporters.

7,5/20 : Marseille ▼

José Anigo : *« On regrette, bien sûr, le départ de Drogba, mais il nous permet de construire une équipe capable d'aller chercher le titre. Je voulais une équipe qui fasse peur. Je pense l'avoir. »*
Et pourtant l'OM a rêvé de Ligue des champions puis, comme un pis-aller, de Coupe de l'UEFA, ce qui constituait un double miracle après une telle saison, marquée par une succession ininterrompue de crises sur le terrain, sur le banc et en coulisses. Marseille avait décidé cette saison d'offrir son image la plus sombre. Il y est hélas parvenu, bâclant les Coupes (ah, ces éliminations contre Paris et Angers !) et torpillant, au bout du compte, son championnat.

7/20 : Istres ▶

Mecha Bazdarevic : *« On s'incruste parmi les grands, mais il ne faut pas trop nous sous-estimer. On sera présents et compétitifs. »*
Handicapé par l'obligation de jouer durant presque toute la saison ses matches à domicile loin de chez lui, à Nîmes, Istres a toujours traîné en queue de classement. Certes, il n'a pas confirmé l'espoir de son entraîneur, mais en dehors d'un énorme dérapage à Lille (8-0), il a toujours lutté avec vaillance et fait plutôt bonne figure compte tenu de ses modestes moyens.

LE CARNET DE NOTES

6,5/20 : Bordeaux

Michel Pavon : *« Ce sont les premiers résultats qui vont nous guider. Le groupe est assez jeune. Il a besoin de confiance pour s'exprimer. »*
L'entraîneur girondin avait raison d'être prudent. Après une première moitié de saison honorable, son équipe a vécu une longue et douloureuse descente, qui aurait pu la plonger dans les enfers. Très vite sorti des Coupes nationales (en 16e de finale), Bordeaux a donné l'image d'un club désuni et sans fil conducteur. Ce qui le prive d'Europe, et dans les grandes largeurs, pour la deuxième année consécutive.

6,5/20 : Nice

Gernot Rohr : *« D'abord, assurons le maintien. Mais, cette année encore, on verra un Nice solide, costaud et conquérant. »*
Deux coups d'éclat contre Monaco ne suffisent pas à remplir une saison. Après avoir espéré s'installer dans la première moitié du classement, Nice s'est effondré au point de devoir changer d'entraîneur et de craindre pour son maintien. Ni solides, ni costauds, ni conquérants, les Aiglons ont déçu. Et la déroute à Nîmes (4-0 !) en Coupe de France n'embellit pas ce triste tableau.

6/20 : Paris SG

Vahid Halilhodzic : *« Le PSG doit jouer chaque année une Coupe d'Europe. La Ligue des champions est celle qui correspond le mieux à notre masse salariale et à notre standing. »*
La catastrophe intégrale sur le terrain et dans les tribunes. Le PSG a traversé une horrible année en tremblant même pour son maintien après une affreuse élimination en C1. Si le remplacement de Vahid Halilhodzic par Laurent Fournier a somme toute assez peu modifié la tendance sportive, au moins a-t-il permis de pacifier le vestiaire, celui du président Francis Graille par Pierre Blayau ramenant le calme dans les virages du Parc des Princes. Le PSG doit une revanche à ses supporters.

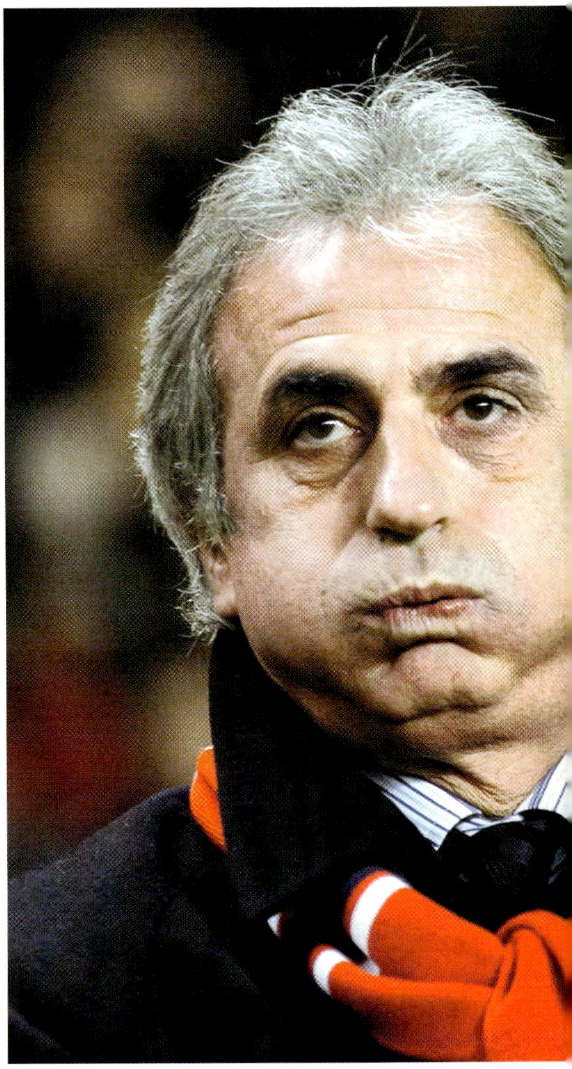

5/20 : Nantes

Loïc Amisse : *« L'équipe est très, très jeune. Il faut un peu de temps. Nous essayerons de faire aussi bien que la 6e place de l'an passé. »*
Le club d'artistes s'est transformé, l'espace d'une saison, en association de chiffonniers avec une guerre ouverte et publique entre joueurs, entraîneur et président à la trêve. Les résultats sportifs ne pouvaient pas ne pas s'en ressentir. Grâce à un incroyable concours de circonstances, les Nantais se sont maintenus lors de la dernière journée. Mais quel gâchis, cependant, gâchis auquel l'élimination à Boulogne-sur-Mer (CFA) en Coupe de France a bien contribué.

4/20 : Bastia

François Ciccolini : *« C'est certain, on ne va pas jouer pour la Ligue des champions mais pour le maintien. À la fin de la saison, nous voulons être dans le bon wagon. »*
Les arrivées de Karembeu et Ziani à la trêve n'ont pas empêché l'inexorable issue. Miné par les affaires financières, politiques et judiciaires, secoué par des débordements racistes, le Sporting a coulé. Les joueurs ont évolué dans un climat délétère qu'ils n'ont jamais pu dépasser. Immergé dans les abysses de la L1, après un départ pourtant réussi, transparent dans les Coupes, Bastia a bel et bien été le plus mauvais élève de la classe.

Liverpool est renversant

À Istanbul, les supporters des Reds n'ont jamais laissé tomber Liverpool et ils ont eu raison.

Neuf mois. Neuf mois depuis que Liverpool, en éliminant les Autrichiens de Graz AK au tour préliminaire (2-0, 0-1), a débuté l'aventure en Ligue des champions. Qualifiés pour les huitièmes de finale derrière l'AS Monaco, grâce à une meilleure différence de buts qu'Olympiakos, les Reds n'avaient alors pas fait trembler grand monde. Leur présence dans la compétition, à l'ombre des envahissants Blues de Chelsea, Gunners d'Arsenal et autres Red Devils de Manchester United, a surtout été remarquée et saluée lors du quart de finale contre la Juve. C'était la première confrontation des deux clubs sur la scène continentale vingt ans après la tragédie du Heysel le 29 mai 1985 (39 morts lors de la finale à Bruxelles).

Mais depuis qu'ils ont sorti la Juventus Turin en quart de finale, puis Chelsea en demi, les joueurs de Rafaël Benitez intriguent autant qu'ils inquiètent leur adversaire du jour à Istanbul : le Milan AC. Les Italiens ont tort de se méfier. En une mi-temps, ils vont plier leur affaire. C'est du moins ce qu'ils pensent lorsqu'ils regagnent leur vestiaire avec trois buts d'avance. Dès la première minute, Traoré a accroché Kaka à l'entrée de la surface. Pirlo a frappé le coup franc que Maldini, seul au point de penalty, a conclu d'une reprise de volée. À la 38e minute, Kaka a lancé idéalement Chevtchenko dont le centre a trouvé Crespo bien placé et très précis. L'Argentin s'est même offert un doublé, bien servi par Kaka, encore, juste avant le repos (44e). « À ce moment-là, je pensais que j'allais m'effondrer en larmes au coup de sifflet final », racontera le capitaine anglais, Steven Gerrard.

Six minutes de légende

3-0, la légende du Milan commence à s'écrire. Une septième couronne européenne, à deux titres du Real Madrid, qui sera la cinquième de l'énorme Paolo Maldini, candidat du coup à un Ballon d'Or qui récompenserait son exceptionnelle carrière. Et puis, aussi, la confirmation que le football italien, qui plaçait deux équipes en finale en 2003 (Milan-Juve : 1-0), est redevenu la référence en Europe. Et cetera, et cetera. Les fans de Liverpool n'écrivent pas de légende. Ils s'efforcent de la chanter, qu'il pleuve, qu'il neige ou qu'il grêle sur leur équipe. Alors, dans l'été stambouliote, ils font comme si c'était un très mauvais hiver. « On les a entendus du vestiaire », raconte Traoré.

Les Reds ont entendu une autre voix. Celle de leur entraîneur, Rafaël Benitez : « Relevez la tête. On a préparé cette finale pendant dix jours et vous ne faites pas ce qu'on a décidé. Donc, je vais changer de système. » L'Allemand Dietmar Hamann entre en jeu. Et tous les ballons passent alors par lui. « Son entrée a fait la différence », estime Traoré. La différence ? Oui, la différence, car, en sept minutes, Liverpool revient dans le match. Les Reds ne font pas basculer la partie, ils décident juste de ne plus en être absents et réalisent ce que tout le monde pensait impossible : remonter un tel écart face à une formation italienne. D'abord, à la 54e minute, Dida apprécie

Maldini, l'emblématique capitaine milanais, ouvre le score et provoque la joie de Kaka et Gattuso.

Dudek est dépassé par Crespo qui inscrit le deuxième but italien.

Marche triomphale pour les Milanais Maldini, Nesta, Chevtchenko, Stam et Crespo.

Kaka célèbre le troisième but milanais que vient de réussir Crespo.

mal une tête de Gerrard suite à un centre de Riise (3-1). Deux minutes après, Smicer décoche une frappe qui semble anodine à l'entrée de la surface du gardien brésilien. Ce dernier effleure le ballon, mais ne l'empêche pas d'achever sa course dans ses filets (3-2).

Le cauchemar de Chevtchenko

Il n'y a plus de grêle, ni de neige sur les Reds et leurs supporters. Il souffle un vent de douce folie. Et il reste un tiers de la partie lorsque Liverpool égalise. Gattuso descend Gerrard dans sa surface. Xabi Alonso le frappe, mais bute sur Dida. Fin de la belle histoire ? Non, car l'ancien joueur de la Real Sociedad suit et frappe comme un sourd (3-3, 60e). La Ligue des champions peut-elle désormais échapper à Liverpool ? Oui, évidemment, car personne ne mène au score et si ça commence à causer entre experts de l'impact psychologique, le Milan bouge encore. Traoré vient ainsi sauver sur sa ligne une tentative de Chevtchenko (70e).

La prolongation s'annonce bouillante. Liverpool a ralenti, le Milan en profite pour reprendre l'ascendant. Malgré cela, peu d'actions tranchantes. Chaque équipe est passée tellement près de la défaite qu'elle semble craintive à l'idée d'approcher le but adverse. Pourtant, alors qu'il ne reste que deux minutes, le Milan et ses tifosi pensent tenir leur victoire. Chevtchenko se présente face à Dydek. La star ukrainienne, le Ballon d'Or 2004, vient de placer une tête que le gardien polonais a repoussée d'un somptueux réflexe. Il est à terre et, cette fois, la star des stars ne lui laissera aucune occasion de briller (118e).

La suite racontée par les deux acteurs. Chevtchenko : « J'ai voulu tirer fort et je ne comprends pas comment il a pu mettre la main et empêcher le ballon d'entrer. » Dydek : « Je ne sais pas comment j'ai fait. Après avoir réussi à stopper sa tête, quand j'ai vu qu'il allait encore reprendre le ballon, j'ai juste cherché à me relever le plus vite possible. »

Comme en 2001, lors du sacre du Bayern face à Valence, la finale se joue donc aux tirs au but. Pour le Milan, Serginho manque le premier. Et Pirlo le deuxième. Hamann et Cissé ont marqué pour Liverpool quand Tomasson inscrit le sien. Riise bute alors sur Dida et Kaka ne laisse pas passer l'occasion de ramener le Milan à 2-2. Smicer redonne l'avantage à Liverpool et oblige Chevtchenko à

Gerrard mène la révolution rouge dès l'entame de la seconde période.

Même si Dida a repoussé son penalty, Luis Garcia a suivi et ramené Liverpool à une longueur de Nesta et des Milanais.

Dida est parti du mauvais côté, le tir au but de Smicer est celui du bonheur pour les Reds car Chevtchenko va ensuite manquer le sien.

réussir. L'Ukrainien n'est pas à la hauteur. Liverpool est champion d'Europe pour la cinquième fois de son histoire, la première depuis 1984 et, surtout, vingt ans après l'épouvantable soirée du Heysel.

Benitez comme Mourinho

Un an après José Mourinho, le moins médiatique Rafaël Benitez réussit le doublé Coupe UEFA (avec Valence contre Marseille)-Ligue des champions. « Je n'ai pas de mots pour exprimer ce que je ressens », dit-il simplement. Son collègue italien en trouve quelques-uns : « Nous avons eu six minutes de folie pendant lesquelles nous avons gâché le résultat acquis jusque-là. Ce n'est pas le moment de se faire des reproches, mais nous sommes déçus et amers. » Sur la pelouse, Paolo Maldini oblige certains de ses partenaires, désireux de retourner aux vestiaires, à regarder la remise de la coupe aux vainqueurs, à contempler la joie des Reds. Hernan Crespo s'incline : « On s'est vus trop beaux, trop beaux pour que ça puisse être vrai. »

À Liverpool, c'est plus qu'une liesse. Un acte officiel de renaissance, y compris pour le maire, Alan Dean, pourtant fan d'Everton, le club rival. 500 000 personnes accueillent les héros d'Istanbul dans les rues de la ville. Le John Lennon Airport, où attendent plus de 5 000 supporters, résonne de « Are you watching Manchester ? Are you watching ? » (Manchester, est-ce que tu regardes ?) Le riche voisin n'a pu que voir. Comme Chelsea, comme Arsenal qui, avec MU, ont pris la place de Liverpool en tant que leaders du football anglais depuis dix ans. Le Liverpool FC n'a plus remporté son championnat depuis 1990. Depuis la nuit du 25 mai 2005, ce n'est plus si important.

Cinquième sacre européen pour Liverpool, le premier depuis 1984. « Are you watching Manchester? »

HOMMAGE

Mort d'un pionnier

Lucien Laurent s'est éteint à l'âge de 97 ans. Il avait marqué le premier but de l'histoire de la Coupe du monde.

Le sport n'échappe pas à la loi commune de ces aventures humaines dont on entreprend de raconter l'histoire. La vision des choses change avec le temps. Ce qui passait pour anecdotique peut prendre un autre relief quand le défilement des années modifie la mise en perspective des événements.

Au tout petit niveau de l'histoire du football, l'annonce de la mort, au mois d'avril 2005, à l'âge de 97 ans, de Lucien Laurent, ancien joueur de l'entre-deux-guerres, dix fois international entre 1930 et 1935, a fait le tour du monde. Il n'avait jamais été champion du monde, ni d'Europe, ni même de France, mais le monde avait fini par le reconnaître comme un personnage de l'histoire universelle du foot. Il n'avait pas été considéré comme l'un des plus grands joueurs de son temps. En France même, au hit-parade des meilleurs attaquants des années 1930, il figurait loin derrière Roger Courtois, Jean Nicolas, André Simonyi, Émile Veinante, Marcel Langiller ou Oscar Heisserer. Au cours de ses dix sélections, il avait marqué deux buts.

Seulement voilà, c'est justement l'un de ces deux buts qui a fait sa renommée. Ce but est en quelque sorte un exploit universel : Lucien Laurent a inscrit le premier but de l'histoire de la Coupe du monde. Or cette performance inaugurale du 13 juillet 1930 est à peu près passée inaperçue pendant des années. Cette Coupe du monde était si nouvelle, trop nouvelle. Elle était si éloignée de tout, là-bas, tout là-bas, dans la très exotique et australe République d'Uruguay, que les journaux du Vieux Monde l'avaient superbement snobée. Le 14 juillet, ce n'était pas le but de Lucien Laurent, ni la victoire de la France contre le Mexique 4-1 qui faisait les gros titres des journaux sportifs français, mais le Tour de France, encore sous le coup de l'abandon du campionissimo italien Alfredo Binda dans les Pyrénées, la victoire de la France sur l'Italie en athlétisme et l'annonce du match France-Hongrie de natation à la piscine des Tourelles.

Le caractère exceptionnel de la réussite de Lucien Laurent vint sur le tard. Dans un des premiers ouvrages relatant l'histoire de l'équipe de France, en 1962, la fiche biographique de Lucien Laurent ne souligne pas le fait. L'auteur considère juste qu'il a laissé un « souvenir sympathique ». Les nombreux ouvrages et numéros spéciaux de revues spécialisées qui, dans les années 1960 et 1970, font l'histoire de la Coupe du monde devenue un événement sportif de première grandeur, n'en parlent pas plus. Lucien Laurent est cité par les buteurs du match, avec son coéquipier sochalien Maschinot et son ancien camarade du CA Paris Langiller. Sans plus.

Plus tard, la médiatisation de la Coupe du monde s'intensifiera, les télés du monde entier multiplieront les rétrospectives, et en appelleront au souvenir des plus anciens, de plus en plus rares. Alors Lucien Laurent sera invité à témoigner. Et l'on redécouvrira qu'il avait marqué le premier d'une longue série de 1 916 buts dont les auteurs seront les plus grands joueurs de la planète. Son visage sec d'octogénaire souriant, son allure de vaillant vieillard sachant encore taper dans le ballon seront reconnus partout. Soixante ans après son exploit, Il ne cessera de raconter son aventure.

Car c'est bien de cela qu'il s'agit, en ce début d'été 1930. Traverser l'Atlantique Sud n'a rien de banal. Cela se fait encore sur des paquebots à faire rêver, alors que la première traversée par avion date de moins de deux ans. Les seize joueurs français ont été réunis à Villefranche-sur-Mer, d'où ils embarqueront sur le *Conte Verde*. Ils peuvent s'estimer comme des privilégiés. Amateurs, il a fallu obtenir l'autorisation de leur employeur. L'administration des douanes a donné congé à Alex Thépot, le gardien de but. Maurice Capelle a été exempté d'une période militaire, mais Marcel Pinel a dû compter sur l'appui du Quai d'Orsay pour obtenir une permission de l'armée.

Pour Lucien Laurent, nouvel international depuis quelques matches, l'affaire a été moins difficile. Avec son frère Jean, lui aussi du voyage, il a signé récemment au FC Sochaux. Monté de toutes pièces quelques années plus tôt, le club patronné

Premier buteur de l'histoire de la Coupe de monde,

par Peugeot est un précurseur. Dans ces années 1920 où le sport s'est beaucoup développé en France, ses rapports à l'argent s'intensifient. Le football se pose la question du passage au professionnalisme, lequel existe en Angleterre depuis plus de quarante ans. Une déclaration de Jean-Pierre Peugeot faite en 1929 jette un gros pavé dans la mare : « Nous voulons que Paris, Lille, Marseille, ne soient plus les seules villes où l'on voit des matches de premier ordre. Vous verrez que le FC Sochaux se fera un nom dans le football français. Mais nous n'avons pas peur de le dire, nous ne le cachons pas hypocritement : NOUS PAYONS NOS JOUEURS ! » Que des joueurs soient payés pour taper dans un ballon, ce n'est pas une découverte : les notes de frais exigées par le grand Pierre Chayriguès remontent à avant 1914. Mais qu'un dirigeant le dise aussi clairement, voilà qui a du mal à passer. D'ailleurs, pendant plusieurs années, le FC

Lucien Laurent fut aussi un pionnier du football professionnel français.

Sochaux ne pourra aligner ses meilleurs joueurs que dans des matches de gala face à de grandes équipes étrangères. Pourtant, la course au recrutement se généralise, et ce sont les clubs qui payent le plus qui réalisent les meilleurs transferts. L'argent est déjà le nerf de la guerre dans ce football encore amateur pour quelque temps. L'écrivain Jean Giraudoux peut écrire en 1929 : « Dans beaucoup d'équipes de football, des as reçoivent une prime en argent pour chaque coup de pied vainqueur. Ils ne sont plus amateurs que dans la mesure où ils jouent mal. »

Avant 1930, Sochaux, promoteur d'un professionnalisme assumé, a recruté les meilleurs joueurs de la région, comme les Belfortains André Maschinot et Étienne Mattler. Des Parisiens aussi, comme Paul Wartel, venu du Red Star, et le Franco-Espagnol Antonio Lozes, du Club Français. Lucien Laurent et son frère Jean font partie d'un deuxième arrivage. Tous deux viennent du CAP, club des titis des bords de Marne. Saint-Maur, Charenton, Champigny, Alfortville sont des réservoirs sans fin du football parisien, comme, de l'autre côté de la ceinture rouge, Saint-Ouen, Argenteuil, Clichy ou Levallois. Les frères Laurent ont disputé, avec le CAP, la finale de la Coupe de France 1928. Ils l'ont perdue face au Red Star.

Au moment d'embarquer pour l'Amérique du Sud, l'équipe de France a plutôt l'accent parigot. Mais, si les grands clubs parisiens (le Red Star surtout) sont représentés en masse, le FC Sochaux est bien là, avec quatre joueurs, Maschinot, Mattler et les deux frères Laurent. Pour eux, pas de problèmes d'autorisation patronale, car le football est déjà un peu leur métier. Lucien a signé à Sochaux pour un salaire de 2 200 francs par mois. Une belle somme pour un ouvrier.

La belle vie, c'est ce que se disent tous ses compagnons quand, sur le pont du navire ou dans l'immense salle de bal, ils croisent le grand chanteur russe Chaliapine. Ou quand, avec les équipes belge, roumaine et yougoslave, ils participent à de joyeuses séances d'entraînement dans la salle de culture physique. La « croisière s'amuse » fait une escale remarquée à Rio de Janeiro avant d'être accueillie comme les héros du Vieux Monde par des milliers d'Uruguayens fiers que l'Europe n'ait pas boudé « leur » Coupe du monde, laquelle sera la principale manifestation internationale de célébration du centenaire de la petite république.

La belle vie se poursuit à terre. L'équipe de France séjourne dans les magnifiques installations du très sélect Rowing Club de Montevideo. À l'abri de toute la fièvre nationale entourant l'événement qui s'annonce (contrairement à la presse européenne, les journaux argentins et uruguayens consacrent chaque jour de nombreuses pages à la Coupe du monde), les joueurs s'entraînent comme jamais pour être prêts le 13 juillet, jour du premier match. France-Mexique va pourtant passer inaperçu. Sur les deux rives du rio de la Plata, il n'est question que de la rivalité entre l'Uruguay et l'Argentine.

Dans le Parque Central qui, momentanément, remplace le monumental stade du Centenaire pas encore achevé, 3 000 spectateurs seulement assistent à l'événement qui n'en est pas un, le premier match de la Coupe du monde. Il fait froid dans l'hiver austral. De légers flocons tombent même. Dès les premières minutes, Thépot, le grand gardien du Red Star, se blesse dans un choc avec l'avant-centre mexicain Mejia. La France jouera l'essentiel du match à dix. Mais, avant la 20e minute, sur un débordement de Chantrel, Laurent ouvre la marque d'une reprise de volée. Voici les Français lancés vers un large succès, 4-1, le seul de cette première aventure. Et pour Laurent c'est le moment d'entrer dans l'histoire sans le savoir : « Quand j'ai inscrit ce but, j'ai eu une joie simple, celle d'un buteur normal avec ses coéquipiers. On a dû tout juste s'embrasser ou se taper dans la main avant de reprendre le jeu. Sur le coup, je ne me suis même pas posé la question de savoir si c'était le premier but du Mondial. Je n'ai pas réalisé. »

C'est des dizaines d'années plus tard, en fait, quand il s'agira de faire revivre la naissance du football mondial et de solliciter ses pionniers, que Lucien Laurent se rendra compte que, ce jour-là, il n'avait pas été un buteur comme les autres.

DIDIER BRAUN

Couleur d'automne

Raymond Domenech, qui débute sa vie de sélectionneur à Rennes face à la Bosnie-Herzégovine, est conscient et inquiet de l'immense attente du public.

C'est l'heure où les cœurs se serrent. Où le présent appartient soudain au passé. Où la nostalgie se fait envahissante. Ce n'est pas seulement son titre que l'équipe de France a perdu au Portugal en juin 2004. C'est son âme. Pour remplacer Jacques Santini, Raymond Domenech a coiffé sur le fil Laurent Blanc et Jean Tigana. Mais l'arrivée de cet homme du sérail ne fait pas l'unanimité. Passe encore que Marcel Desailly et Bixente Lizarazu, atteints par la limite d'âge, tirent leur révérence. Mais les annonces similaires de Lilian Thuram et Zinedine Zidane, 32 ans l'un et l'autre, sont d'étranges crève-cœur. Ces deux légendes avaient le parfait profil de guides pour la nouvelle génération.

« Je respecte, j'accepte, j'entérine », dit Domenech, mais on se demande s'il a vraiment tout tenté pour qu'il en aille autrement. En tout cas, voici venu le temps de faire table rase d'un passé glorieux et de plonger dans l'inconnu. Barthez, Vieira, Henry et Trezeguet serviront de trait d'union, ce qui, à cet instant, ressemble à une belle assurance.

Pour sa première sortie, contre la Bosnie-Herzégovine, dans le courant du mois d'août, Domenech la joue jeune et L1. Seize de ses vingt et un présélectionnés évoluent dans le championnat de France.

À l'heure du coup d'envoi, le nouveau sélectionneur est lucide : « Il y a une immense attente de quelque chose d'extraordinaire, alors qu'on ne revivra pas 1998 et 2000 demain matin, explique-t-il. Je suis un peu inquiet de ce décalage. »

À Rennes, le stade flambant neuf est plein pour découvrir notamment cinq débutants, dont quatre au coup d'envoi : le Lyonnais Abidal, les Monégasques Squillaci et Evra et le Bordelais, encore apatride, Rio Mavuba, 20 ans, et seulement sept mois de L1 derrière lui. Le Monégasque Givet attendra la seconde période pour grossir le flot de la jeune vague. En l'absence de Vieira, Barthez est capitaine. Les Parisiens Mendy et Rothen sont titulaires. Henry et Luyindula composent le duo d'attaque d'une formation qui joue sans numéro 10. Tout le monde a compris pourquoi.

Luyindula, Squillaci et Gallas semblent bien seuls au milieu du gardien Hasagic et des défenseurs bosniaques.

Le duo Luyindula-Cissé, alternative à Henry-Trezeguet ?

Luyindula, Govou, Gallas : la jeunesse au pouvoir.

Août 2004 : Pires est encore un cadre de l'équipe de France.

Domenech perturbe les Bleus

L'entame est encourageante. Le gardien Hasagic apprécie mal la trajectoire d'un corner de Rothen. Luyindula en profite pour ouvrir le score d'une reprise du droit aux 6 mètres (7e). Henry a une belle occasion de plier rapidement l'affaire, mais Hasagic repousse son penalty (18e). La promenade de santé se transforme en galère. Une superbe action collective des Bosniaques se conclut par une reprise victorieuse de Grlic dans le dos d'une défense débordée (37e).

À la reprise, Domenech transforme son 3-5-2 en 4-4-2 et lance Govou, Cissé et Pires. Mais la seconde période est calamiteuse, composée d'approximations et d'erreurs. Des sifflets et des « Zizou » s'élèvent des travées, Domenech a la confirmation que le chemin de la reconstruction va être dur. Il parle d'« incompréhension tactique au milieu ». « Ça m'étonne, ajoute-t-il, car ils sont tous passés par les espoirs. On n'aurait pas dû connaître ces difficultés. »

Quelques menus détails de vie quotidienne (remplacement du staff médical, obligation de porter des protège-tibias à l'entraînement, interdiction d'utiliser les portables durant les massages, autocritique collective à 2 heures du matin après le match) contribuent à alourdir une ambiance déjà pesante.

De Londres, Vieira a beau lancer un appel (« Je suis convaincu que l'on va terminer premiers du groupe. La rage de vaincre est toujours là. »), le doute l'emporte sur la confiance au moment de partir à l'assaut de la Coupe du monde allemande de 2006.

Domenech rappelle Vieira, Trezeguet, Giuly et Makelele. « Je ne peux pas prendre une base aussi expérimentale que contre la Bosnie pour un match aussi capital », explique-t-il. Diarra et Trezeguet déclarent forfait. Dhorasoo et Saha sont conviés.

Dans cette ambiance un peu délétère, le directeur technique national Aimé Jacquet se sent obligé de voler au secours de celui qu'il a grandement

contribué à installer : « Il faut se replonger dans le travail comme on l'a fait en 1993. On sera peut-être moyens quelque temps. On va même sans doute souffrir, mais ça va passer. »
Il n'est pas trop tôt pour tirer le signal d'alarme : « Le public qui venait il y a peu en se disant qu'il allait assister à une victoire facile ne peut plus avoir cette garantie », déclare Domenech.

Impuissants contre Israël

En vérité, frappé par un engourdissement, ce public ne vient même plus. Au coup d'envoi de France-Israël, il n'y a que 43 000 spectateurs dans les tribunes du Stade de France. Une misère.
Coupet a résumé la crainte générale : « J'ai peur de notre qualité de jeu. Elle risque de déclencher des quolibets. » On ne peut être plus direct.
Sans aller jusqu'aux quolibets, la qualité de jeu d'une équipe une nouvelle fois bâtie en 3-5-2 ne déclenche pas vraiment l'enthousiasme. Au bout d'un match très médiocre et loin du haut niveau international, les Bleus concèdent le nul (0-0). Le défenseur Aflek a repoussé sur sa ligne une tête de Vieira (10e), Gallas, seul face à Davidovich, a raté le cadre (11e), Makelele a perdu son tête-à-tête avec le gardien israélien (28e). Mais Giuly, du haut de son mètre soixante, a dû repousser sur sa ligne une tête de Badir (66e). Entré en jeu à la place de Rothen, Pires a offert une superbe balle de but à son copain d'Arsenal Henry, dont le coup de tête est passé à côté (88e).
Au coup de sifflet final, la déception est palpable. Sauf parmi les Bleus. « Les gars sont montés en puissance, estime Domenech. Ils ont fini par trouver leurs marques. Nous sommes en phase de reconstruction. »
« Nous nous sommes laissé endormir, affirme Vieira. Mais ce fut un match plein. Il n'a manqué qu'un but pour que ce soit parfait. » Seul Thierry Henry demeure sur la réserve : « On n'arrive jamais au très haut niveau tout de suite. On doit recréer des automatismes. »

En haut : à la 88e minute du match face à Israël, Henry place un joli coup de tête. À côté.
En bas : confus, médiocre, le premier match officiel des Bleus de Domenech est brouillon.

« L'idéal serait de remporter les trois prochains matches », clame Domenech. La première partie du triptyque ressemble à une sympathique et bucolique ballade. Les îles Féroé viennent d'encaisser un sévère 6-0 en Suisse. Ce 72e adversaire de l'histoire des Bleus représente un archipel de dix-huit îles coincées entre la Grande-Bretagne et l'Islande. Peuplées par 48 000 habitants et 70 000 moutons, les îles Féroé ont fait trembler l'Allemagne en 2003 (0-2) lors des qualifications pour l'Euro, ne cédant qu'en toute fin de rencontre (89e et 90e+1).

La pilule israélienne à peine digérée, les Bleus semblent avoir retrouvé leur esprit de conquête : « La France a encore de grands joueurs pour aller à la Coupe du monde et la gagner », ose Pedretti.

La peur du sélectionneur

Dans le petit stade (7 000 places) de Thorshavn, par un temps frisquet et sur une pelouse en très mauvais état, l'équipe de France revient au 4-4-2. Giuly et Pires occupent les couloirs. Blessé d'entrée de jeu, Saha laisse sa place à Cissé comme adjoint de Henry (9e).

Malheureusement, encore une fois les Bleus sont hors sujet. Leur premier quart d'heure est affligeant. Un coup de pouce arbitral, qui permet à Giuly, hors jeu au départ de l'action, de reprendre à bout portant un tir de Pires repoussé par le gardien Mikkelsen (32e), aurait dû les rassurer. Mais Henry, loin de sa meilleure forme, frappe sur le poteau (40e) puis rate sa reprise sur une passe de Cissé (47e) et Vieira, qui reçoit un second carton pour simulation, et se fait expulser (55e).

Les Bleus se surprennent à trembler jusqu'à ce que Pires propulse Giuly sur la droite pour un centre repris du droit par Cissé (73e).

« Au vu du premier quart d'heure, 3 points c'est très bien, lâche Domenech avec lucidité. J'ai eu peur. Pour la suite, il faudra montrer plus de détermination. Je suis inquiet. » Puis il lâche une petite phrase assassine : « On racle les fonds de tiroir pour trouver des joueurs. Alors, s'il faut aussi changer ceux-là, je ne sais pas comment faire. »

Les joueurs n'ont pas gros moral. Makelele annonce sa retraite internationale. Henry estime qu'il y a « beaucoup de travail à faire ». Et Pires assène : « Il faut savoir dans quel schéma on doit jouer. Ce serait bien que le sélectionneur nous le dise. »

Buteur aux Îles Féroé, Giuly reçoit les félicitations des Gunners Henry, Pires et Vieira sous les yeux de Cissé et Evra.

Pires, ici face aux Féroé, s'interroge : « Ce serait bien que le sélectionneur nous dise dans quel schéma on doit jouer. »

C'est le premier déballage public d'une polémique appelée à se finir mal. Le lendemain, alors que le staff des Bleus et huit joueurs sont bloqués à Thorshavn par le brouillard, l'attaquant d'Arsenal enfonce le clou : « Je me pose pas mal de questions sur la manière dont l'équipe de France doit jouer. Je ne suis pas le plus difficile à vivre. Si je ne me sens pas bien, j'imagine que d'autres sont dans ce cas. »

« On doit continuer à chercher la meilleure solution, lui répond Domenech. Cela ne pourra pas toujours se faire en fonction de Pires. »

L'ombre d'un doute

Un mois plus tard, la tension est un peu retombée au moment d'accueillir l'Eire, principal rival des Bleus dans ce groupe 4. Auteurs d'un bon résultat nul en Suisse (1-1) après avoir battu Chypre (3-0), les Irlandais débarquent à Saint-Denis avec une armée de 30 000 supporters.

Avant le match, Domenech s'est rendu à Londres pour mettre les choses à plat avec les « Gunners » Vieira, Henry et Pires. Il évoque une discussion « très, très positive ». Avant de communiquer sa liste, il téléphone à Zidane, Thuram et Makelele pour tenter de les faire changer d'avis. En vain. D'où son constat : « À mes yeux, leur retraite est entérinée une bonne fois pour toutes. Je ne reposerai plus la question. »

Wiltord, Trezeguet, Silvestre et Dacourt sont rappelés. Les milieux défensifs lensois Diarra et bordelais Mavuba sont sur la liste. Ils ne sont seront pas de trop. Outre Makelele forfait général, Vieira est suspendu, et Pedretti blessé. Blessés eux aussi, Trezeguet et Giuly renoncent.

Ce qui ne décourage pas Domenech : « Je sens une vraie envie de conquête, dit-il. Je veux qu'on sorte de cette espèce de sinistrose. On va passer. »

Un discours rassembleur qui ne met pourtant pas un terme à toutes les frondes : « À Manchester, je joue dans l'axe, déclare Silvestre. C'est le poste où je me trouve le mieux. Alex Ferguson l'a compris. Donc tout le monde doit le comprendre. » « Tout le monde sait que je préfère l'axe », affirme Gallas en écho.

Le très pacifique Dominique Rocheteau, ex-Ange vert des seventies, ajoute à la confusion ambiante : « On ne peut jouer sans meneur, déclare-t-il dans *France Football*. Je verrais bien Pires dans ce rôle. Encore faut-il lui donner confiance, et pour cela l'aligner sur le terrain. »

Quant à l'attaquant néerlandais d'Arsenal Dennis Bergkamp, il y va de son grain de poivre en déclarant : « Même Stevie Wonder (chanteur aveugle) verrait ce qui ne va pas. À Arsenal, Thierry Henry est l'unique attaquant. Ce qui n'est quasiment jamais le cas avec la France. »

En foi de quoi Silvestre jouera arrière droit, Gallas arrière gauche, Cissé épaulera Henry et Pires tiendra le couloir gauche. Domenech ne donne pas l'impression de douter : « Je sens beaucoup plus d'envie que de pression. »

French-cancan de profil pour William Gallas face à l'Irlande, intraitable au Stade de France.

French-cancan de face pour Mikaël Silvestre qui n'a pas vraiment le sourire.

Duff et les Irlandais sont tout près d'un succès à Saint-Denis où Barthez égale le nombre de sélections de Platini (72) en même temps qu'il évite le pire aux Bleus.

Barthez, sauveur de la France

Pourtant, ce ne sont pas des enfants de chœur qui vont affronter les Bleus. Le milieu irlandais a de la gueule avec Kilbane (Everton), Roy Keane (Manchester United), Finnan (Liverpool) et Duff (Chelsea).

La paire défensive Dacourt-Mavuba fera-t-elle le poids ? La réponse est non. Dépassé par les événements, Rio Mavuba se noie. Cissé est inexistant, Henry longtemps invisible, Silvestre hésitant, évidemment, Pires moyen, forcément. On cherche en vain un souffle collectif au cours de vingt désastreuses premières minutes. Il faut tout le talent de Barthez pour sauver devant Morrison (2e). Puis l'intervention ultime de Squillaci pour empêcher Kilbane de conclure (11e). Un tir de Gallas (35e), puis un autre de Pires, bien stoppé par Given (37e), sont les deux seules rébellions françaises.

Le léger mieux du début de seconde période est dénué d'occasions franches. Pour sa part, Barthez – qui égale Platini en fêtant sa 72e sélection – doit encore intervenir pour parer une lourde frappe de Kilbane (49e), et pour réaliser des miracles sur une reprise à bout portant de Duff (62e). Et, quand il paraît battu, la volée de O'Shea frôle son poteau (70e). La frappe de Henry, dans un angle fermé, qui manque surprendre Given (78e), n'est qu'une goutte d'émotion dans un océan d'approximation.

Israël et la Suisse n'ayant pu se départager (2-2), la situation du groupe 4 reste en l'état, mais ce nouveau 0-0 est alarmant.

« L'équipe se bâtit avec de bonnes et de mauvaises périodes, commente Domenech. Ça évolue dans le bon sens. Doucement, mais sûrement. » Chacun peut voir ce qui lui convient dans une bouteille à moitié remplie.

Pires s'amuse à faire semblant quand il affirme : « C'est un très bon match de notre part. Personne n'est inquiet pour la qualification. » « Je sens qu'on monte en puissance », dit Henry, dont le rendement ne cesse de baisser. « Ça commence à ressembler à une équipe », ajoute Gallas.

Bref, avant de prendre la route de Nicosie, l'heure n'est pas vraiment à l'autocritique. Le retour de Vieira, en lieu et place de Mavuba, ressemble à une assurance tous risques. « Le mot d'ordre de ces trois jours a été : libérez-vous, jouez, tentez des choses. Il faut parfois savoir prendre des risques », explique Domenech.

Avec Luyindula à la place de Cissé, les Bleus vont encore rendre une copie médiocre. Wiltord et Luyindula ont laissé filer deux occasions dans les cinq premières minutes. Sur son flanc gauche, Silvestre fait naufrage. Il offre des occasions à Konstantinou et Okkas, devant lequel Barthez réussit un miraculeux et double sauvetage (25e). Le premier tir cadré des Bleus est victorieux. Pires lance Vieira. Arrivé à l'entrée de la surface, le capitaine bleu alerte Wiltord sur sa droite. Le tir du Lyonnais passe entre les jambes de Panayiotou (38e).

Wiltord vient d'ouvrir le score à Chypre, au grand soulagement de Vieira, Pires et Luyindula.

Pires tacle dur

Le remplacement, en début de seconde période, de Pires par Moreira a plus d'effet dans le vestiaire que sur la pelouse. La France tremble quand, sur un centre de Makrides, Georgiou rate le cadre à 3 mètres (68e). Puis elle souffle quand, au bout d'un une-deux avec Dacourt, Henry règle le sort des Chypriotes (72e), inscrivant son vingt-huitième but en bleu, égalant ainsi Djorkaeff. Les Français devront encore subir une tête de Lambrou sur le poteau (80e) avant d'en finir avec cette corvée qui ne satisfait que les épiciers.

Gallas est le seul à montrer une certaine lucidité : « On progresse, affirme-t-il, mais on sait qu'on va souffrir dès le prochain match contre la Suisse. »

« Quelque chose est en train de se passer, déclare Henry. Nous avons su mettre le pied, défendre et attaquer. Rien n'est parfait, mais l'équipe se bat, gagne des duels. »

Le gardien chypriote Panayiotou n'a pas souvent tremblé face à Wiltord et aux Bleus, mais l'équipe de France rentre tout de même de Nicosie avec un succès.

Le nul est prophète en ce pays

S'il a du mal à marquer avec les Bleus, Henry reste un leader déterminé prêt à s'engager physiquement.

Enfin 2005. Une année impaire, de celles que l'équipe de France a appris à aimer depuis que 2002 et 2004 ont été moins festives que 2001 et 2003 (Coupes des Confédérations) et, surtout, que 1998 et 2000. Derrière eux, les Bleus laissent leur pénible an 2004 et, espèrent-ils, les fantômes de retraités continuant à hanter joliment quelques terrains d'Europe.

Enfin 2005, année décisive : elle enverra la sélection nationale vers la Coupe du monde 2006 en Allemagne, ou bien elle ouvrira une crise comme le football français n'en a plus connu depuis novembre 1993. Il n'est plus temps de célébrer la formation à la française qui, dans la foulée du doublé Coupe du monde-Euro, devait assurer au football bien de chez nous une domination planétaire pour les siècles des siècles. Il est juste question de gagner un match d'une heure et demie au Stade de France.

Amicalement, contre la Suède, la France réussira-t-elle ce qu'elle a manqué contre Israël, l'Irlande et la Pologne ? Non. La soirée s'achève encore sur un nul et un discours rodé du sélectionneur : « Ce qu'il nous manque, c'est plus de matches ensemble. » Raymond Domenech n'a toujours pas gagné une rencontre à domicile, mais il a vu un but. La nouveauté, car il s'agit d'une première pour le sélectionneur en quatre matches au Stade de France, est signée Trezeguet (30e but en 56 sélections) sur centre de Henry (35e). C'est une réponse à Ljungberg qui, à la 11e minute, a repris un tir d'Allbäck sur le poteau de Coupet, suppléant de Barthez, blessé. Hormis deux allumettes suédoises (Ostlund repris in extremis par Gallas, 27e, puis Rosenberg de la tête, 64e), pas grand-chose sinon la bonne tenue de Dhorasoo et les sifflets politiquement incorrects du public. « Vous me parlez de quelques sifflets, mais je ne les ai pas entendus, dira Domenech. Et c'est un détail qui va à l'encontre du sens général de la soirée.» Les après-matches des Bleus ressemblent de plus en plus à des soirées électorales. L'analyse y est proscrite ; il s'agit uniquement de défendre son bilan et sa position. Expliquer que ça ira mieux demain, que la patience est la vertu des sages et qu'Aimé Jacquet aussi, en son temps et qu'on connaît la fin de l'histoire. Silence donc, autocensure et prudence, sauf quand on s'appelle Willy Sagnol : «Il faut être très attentif parce que c'est très fragile. Le mal de l'équipe de France ne date pas d'il y a six mois, mais tout simplement de l'après-Euro 2000. Henry et Vieira ont gagné la Coupe du monde il y a sept ans, OK, mais ils n'ont jamais été leaders de cette équipe-là. Les leaders, c'étaient d'autres personnes qui ne sont plus là. C'est pareil pour Gallas ou pour moi : on n'a même pas trente sélections !»

Le ras-le-bol de Barthez

Dans ces propos se nichent des choses tellement simples : la différence entre des bons joueurs et des champions, la nuance entre le quart d'heure de gloire et l'éternité. Des détails qui, au sein de l'équipe de France, dessinent des lignes de fracture. On en voit une sur la radiographie proposée par Barthez, deux jours avant France-Suisse, le 24 mars 2005, lorsqu'il annonce sa retraite pour 2006 : «Le milieu du foot est pourri. Quand je vois des jeunes de 20 ans qui ont joué trois matches et se permettent de la ramener...» Les jeunes en question n'apprécient pas, mais sur le sujet, ne la ramènent pas.

Ci-contre : Abidal et les Bleus ne sont pas convaincants face aux Suédois.
En bas : la joie de Trezeguet, auteur de son 30e but en 56 sélections.

D'autant que sur le terrain n'émerge pas de nouvelle génération. La semaine qui précède France-Suisse est rythmée par le bulletin de santé quotidien de Henry, touché au mollet en Ligue des champions contre le Bayern. « Je n'ai jamais mis la santé d'un joueur en danger pour gagner ou obtenir un résultat », prévient Domenech qui laisse le Gunner sur le banc. Près de 80 000 spectateurs sont venus soutenir les Bleus auxquels le matin même *L'Équipe* ordonne : « Il faut gagner ! » « Je sens que le message est en train de passer, rassure le sélectionneur. On n'est pas champion du monde, pas encore, mais on va tout faire pour. » La profession de foi résiste mal au sixième nul de la saison des Bleus et au match sans but qui va suivre. Barthez est décisif deux fois devant Degen (5e, 6e), Vieira, seul à 7 mètres, balance le ballon au-dessus (22e), puis Trezeguet bute sur Züberbühler (25e). Le gardien de Bâle remporte ensuite un duel avec Wiltord (49e) et capte sans gros souci une énorme occasion de Trezeguet, seul au point de penalty, mais qui frappe mollement (77e). « Quand je me suis retourné face au gardien, j'ai choisi de placer le ballon d'un côté, raconte l'attaquant de la Juventus. J'ai pris une décision, celle qu'il ne fallait pas, voilà. »
Le retour au vestiaire des Bleus est escorté de sifflets. Le sélectionneur comprend la déception du public, mais propose un duel rhétorique : « Nous sommes toujours premiers ex-aequo et nous pouvons aussi renverser les choses et souligner que nous n'avons jamais perdu. » Vrai. « Par rapport à la qualité du match, comment peut-on accuser qui que ce soit ? poursuit-il. À part marquer, que peut-on faire de plus ? On tire vingt-trois fois au but et les Suisses seulement quatre ! Difficile de faire plus. » Vrai aussi.

La faute à pas de chance

Mais alors, que se passe-t-il donc ? « Nous avons été victimes de la malchance », répond Trezeguet. Car il faut le savoir : dans la victoire, la chance n'existe pas, il n'y a que le travail qui paie. Dans la défaite ou les nuls bégayés, c'est différent. La malchance, souvent, est là, tapie dans l'ombre, sournoise. L'industrie chimique et les exorcistes manifestent leur impuissance face à ce phénomène surnaturel qui frappe décidément les Bleus et leur bonne volonté au mauvais moment. « Mais si ça se trouve, ça peut aller au bout comme ça », souffle Domenech. Vrai encore. Sauf que les Bleus iront en Irlande et en Suisse à l'automne, perspective qui arrache une critique de Domenech : « Il est clair que le calendrier a été mal négocié. » Maintenant que Claude Simonet, son staff et Jacques Santini, les négociateurs sur le coup, ne sont plus là, on peut bien le dire...

Müller est à terre, mais ce n'est pas grave. L'impuissance de Trezeguet est aussi celle des Bleus, incapables de battre la Suisse.

Le capitaine Vieira frappe très fort et au-dessus du but défendu par Züberbühler.

Boumsong, Vieira, Gallas et Sagnol le prouvent par l'image : l'équipe de France est à l'arrêt.

En attendant, les Bleus sont attendus ailleurs. En Israël où ils arrivent trois jours plus tard. À reculons, pour certains comme Barthez dont les déclarations secouent des relations diplomatiques déjà difficiles. « J'ai peur d'y aller et je ne comprends pas qu'on aille jouer là-bas », avait dit le gardien de l'OM. Le *Yedioth Ahronoth*, journal israélien, juge cette attitude « blessante et insultante » et l'ensemble de la presse du pays souligne combien les propos du champion du monde portent tort à l'image de la France. La veille du match, la conférence de presse de Domenech est agitée et le sélectionneur s'agace : « Les paroles de Fabien ont fait l'objet d'une mauvaise interprétation. Il n'a fait que dire qu'il était exaspéré par ces climats autour des matches, que ce soit ici, que ce soit en France ou partout dans le monde. C'est ce qu'il a voulu exprimer et qui a été mal traduit. Ou peut-être qu'il n'a pas employé les bons mots pour développer sa pensée. »

Trezeguet sur deux coups de tête

Sur le terrain, le gardien français en sera quitte pour une bronca à chaque fois qu'il touche le ballon. Ça donne donc quelque chose à raconter tant le match s'englue dans un faux rythme après une première frappe dangereuse de Malouda (9e). Domenech innove avec un 4-3-3 associant Pedretti, Diarra et Vieira au milieu. À peine de retour du vestiaire, un mouvement Sagnol-Wiltord permet au Lyonnais de centrer pour Trezeguet dont la tête est impeccable (50e). L'ancien Monégasque, avec 31 buts sous le maillot bleu, dépasse ainsi Papin et Fontaine, à dix longueurs du record de Platini.

La joie dure environ six minutes. Après, Ben Haïm tacle durement l'attaquant français qui se relève et ne retient pas son coup de tête. Carton jaune pour le défenseur israélien, rouge pour Trezeguet (56e). « J'ai déconné, reconnaît-il. C'est la première expulsion de ma carrière en équipe de France. Je devrais être habitué à ce genre de provocations, mais je n'ai pas réfléchi. Je pénalise l'équipe alors que le match était gagné. » Petit à petit, les Français concèdent alors la main sur la rencontre. Et après une perte de balle de Wiltord, Keisi court vers la gauche et centre pour la tête de Badier qui trompe Barthez (1-1, 83e). Grâce à Frei, la Suisse s'est imposée à la 88e minute contre Chypre (1-0), mais les Bleus demeurent leaders du groupe à la différence de buts devant Israël et la Suisse (qui compte un match de moins).

Heureux Trezeguet : il marque en Israël et dépasse Papin et Fontaine avec 31 buts en sélection.

Malheureux Trezeguet : expulsé pour un coup de tête à Ben Haïm, il laisse ses partenaires à dix, à plus d'une demi-heure de la fin du match.

Barthez se jette, mais il est trop tard : Badier place une tête qui permet aux Israéliens d'égaliser à la 83ᵉ minute.

Treize à la douzaine

Dans ce grand marché qu'est devenu le football européen de clubs, les Français ont depuis longtemps massivement répondu oui. Et au plus haut niveau. Comme la saison précédente, tous les vainqueurs des grands championnats étrangers comptent dans leur effectif un ou plusieurs joueurs français.
Une liste qui s'allonge si l'on prend en compte les victoires dans les Coupes internationales et nationales. Ils sont très exactement dix-neuf à avoir brandi un trophée continental hors de nos frontières, les moins surprenants n'étant pas Djibril Cissé, champion d'Europe avec Liverpool, et Bixente Lizarazu, champion et vainqueur de la Coupe d'Allemagne après son divorce à la marseillaise. À noter que Willy Sagnol, Claude Makelele et William Gallas ont eux aussi réussi un doublé.
Par ordre alphabétique, de Nicolas Anelka à David Trezeguet pour les champions, puis de Didier Agathe à Grégory Vignal pour les vainqueurs de Coupe, voici la liste de nos meilleurs ambassadeurs.

TREIZE CHAMPIONS

▼ Nicolas ANELKA, champion de TURQUIE avec Fenerbahçe.
Arrivé en cours de saison à Istanbul, en provenance d'un Manchester City enlisé en Premier League, il n'a pas spécialement brillé ni beaucoup marqué dans son nouveau club. Handicapé par une blessure, il a tout de même joué en fin de saison et décroché ce titre pour le moins original et inattendu.

▶ Benoît CAUET, champion de BULGARIE avec CSKA Sofia.
À 36 ans, seize ans après son premier titre de champion de France (OM, 1989, puis 1990), dix ans après son titre de champion à Nantes (1995) et après une superbe carrière en Italie, cet infatigable milieu de terrain a enlevé le plus improbable des titres, ne s'inclinant qu'en finale de la Coupe contre le Levski Sofia (2-1).

▼ Djibril CISSÉ, champion d'EUROPE avec Liverpool.
Une fracture de la jambe l'avait, pensait-on, laissé sur le carreau pour le restant de sa première saison à l'étranger, à Liverpool, où il bâtissait son nid petit à petit. Six mois plus tard, il était de retour pour devenir champion d'Europe à l'issue de la plus incroyable des finales. Il en disputa la fin du temps réglementaire et la prolongation avant d'inscrire un tir au but victorieux. Un vrai conte de fées !

▼ **Manuel DOS SANTOS, champion du PORTUGAL avec Benfica Lisbonne.**
En rupture avec Marseille, il a fait le bon choix en rejoignant le grand club portugais entraîné par Giovanni Trapattoni. Et cet arrière gauche très offensif a raté d'un rien le doublé, s'inclinant en finale contre Setubal (2-1).

▲ **Ludovic GIULY, champion d'ESPAGNE avec Barcelone.**
Après une formidable saison à Monaco, Giuly semblait avoir pris un très gros risque en rejoignant le fameux club catalan dévoreur d'idoles. Mais son explosivité et son sens du but lui ont permis de faire fi d'une énorme concurrence. Titulaire de l'aile droite de l'attaque, il est devenu le premier Français champion d'Espagne sous le célèbre maillot *blaugrana*. Une sacrée performance.

▼ **Bixente LIZARAZU, champion d'ALLEMAGNE et vainqueur de la Coupe d'Allemagne avec le Bayern Munich.**
À 35 ans bien tassés, le défenseur basque a vécu une incroyable saison. Encalminé du côté de Marseille, il est revenu à Munich en janvier pour retrouver le flanc gauche de la défense et réaliser un extraordinaire doublé. Du coup, il a rempilé pour un an.

◀ **William GALLAS, champion d'ANGLETERRE et vainqueur de la Coupe de la Ligue avec Chelsea.**
Il n'aime pas jouer arrière gauche et ne s'en cache pas. C'est pourtant à ce poste qu'il a conquis deux titres outre-Manche, dans l'équipe de Chelsea, où il n'est pas facile d'être titulaire. Si la défense de l'équipe de Mourinho est la plus hermétique du royaume (15 buts encaissés en 38 matches), il n'y est évidemment pas pour rien.

LES BLEUS À L'ÉTRANGER

▶ **Claude MAKELELE, champion d'ANGLETERRE et vainqueur de la Coupe de la Ligue avec Chelsea.**
Saison après saison, il continue de se forger un énorme palmarès. Champion de France avec Nantes, champion d'Espagne avec le Real Madrid, le voilà maintenant champion d'Angleterre. L'exploit est unique et considérable. On comprend pourquoi Chelsea a mis le paquet pour l'arracher aux dirigeants madrilènes.

▼ **Willy SAGNOL, champion d'ALLEMAGNE et vainqueur de la Coupe d'Allemagne avec le Bayern Munich.**
Blessé en début de saison, il est redevenu titulaire indiscutable au cœur de l'automne. Dénigré par l'omnipotent gardien du temple bavarois Oliver Kahn, pour un ballon mal négocié en C1, il a lâché publiquement, en retour, un Scud assassin qui a fini d'asseoir sa réputation d'homme de caractère, comme on les apprécie outre-Rhin.

▼ **Lilian THURAM, champion d'ITALIE avec la Juventus de Turin.**
L'inoxydable et inamovible arrière central de la Juve a ajouté une nouvelle ligne à sa carte de visite. Ce n'est pas un hasard si le club turinois possède la meilleure défense de la Série A.

▼ **David TREZEGUET, champion d'ITALIE avec la Juventus de Turin.**

Victime de pépins physiques à répétition, il a accompli une saison en demi-teinte dans une équipe où la concurrence était très forte avec Del Piero et Ibrahimovic. Ce qui ne l'a pas empêché d'inscrire quelques buts décisifs qui ont creusé la différence au moment du coude à coude avec Milan pour la conquête du titre.

▼ **Grégory VIGNAL, champion d'ÉCOSSE avec les Glasgow Rangers.**

Très décevants sur le plan européen, les Rangers ont miraculeusement récupéré le titre lors de la dernière journée. Et voilà comment Vignal est devenu roi d'Écosse.

▶ **Jonathan ZEBINA, champion d'ITALIE avec la Juventus de Turin.**

Moins médiatique que ses deux compatriotes de la Juve, il n'en a pas moins occupé régulièrement le poste d'arrière droit, s'imposant comme un excellent joueur de couloir et flirtant, du coup, avec l'équipe de France.

SIX VAINQUEURS DE COUPE

Didier AGATHE, vainqueur de la Coupe d'ÉCOSSE avec le Celtic Glasgow.
Ce défenseur latéral est une pièce maîtresse de la défense d'une équipe du Celtic qui a laissé stupidement échapper un doublé en s'inclinant à domicile dans les arrêts de jeu de la dernière journée.

Dianbobo BALDE, vainqueur de la Coupe d'ÉCOSSE avec le Celtic Glasgow.
Même motif, même punition que son collègue Agathe de la défense du Celtic, avec un titre de champion saboté à la dernière journée et une consolation en coupe.

Jocelyn BLANCHARD, vainqueur de la Coupe d'AUTRICHE avec Austria Vienne.
À chacun ses moyens. Et à 2 points près, l'ancien Lensois devenait champion et réalisait le doublé.

▶ Robert PIRES, vainqueur de la Coupe d'ANGLETERRE avec Arsenal.
Sans cette consolante de la Cup, il aurait connu une bien sombre saison, marquée par son interminable conflit avec le sélectionneur Raymond Domenech et la perte du titre de champion d'Angleterre. À souligner tout de même : son joli printemps qui lui permet, avec quatorze réalisations, de terminer troisième du classement des buteurs.

Franck RIBÉRY, vainqueur de la Coupe de TURQUIE avec Galatasaray.
Si Anelka a peiné à s'imposer dans le club rival et voisin de Fenerbahçe, l'ex-Messin, débarqué à Istanbul en janvier de façon totalement impromptue, s'est rapidement imposé, inscrivant même un but lors de la finale de la Coupe largement remportée (5-1) contre... Fenerbahçe.

▶ Patrick VIEIRA, vainqueur de la Coupe d'ANGLETERRE avec Arsenal.
Le capitaine de l'équipe de France n'est toujours pas devenu champion d'Europe avec Arsenal. En outre, il a perdu son titre de champion. Il s'est consolé avec une Cup arrachée à Manchester United lors d'une séance de tirs au but dont il fut l'ultime marqueur.

HORS CATÉGORIE

Un coup de chapeau à l'ancien capitaine des Bleus Marcel DESAILLY, sacré champion du QATAR à l'occasion d'une inattendue prolongation de carrière. ▶

LES « BREDOUILLES »

(internationaux ou ex-internationaux)

En ANGLETERRE, Thierry HENRY a été privé de finale de Cup par une blessure qui ne l'a toutefois pas empêché de terminer une nouvelle fois meilleur buteur de son championnat (25 buts) et de tous les grands championnats européens (à égalité avec l'Uruguayen de Villareal, Diego Forlan). Mickaël SILVESTRE et Louis SAHA (ce dernier freiné par un enchaînement de blessures) ont vécu une année grise avec Manchester United, qui a passé la saison en retrait de Chelsea et d'Arsenal. Saison carrément noire pour Laurent ROBERT relégué le plus souvent sur le banc d'une médiocre équipe de Newcastle (14e). À 34 ans, l'ex-Parisien Bruno NGOTTY a parfaitement tenu son rang en défense centrale de Bolton (6e).

En ITALIE, Olivier DACOURT a considérablement pâti de la très mauvaise saison de l'AS Roma (8e). Bizarrement, Vikash DHORASOO s'est imposé en équipe de France alors qu'il n'a jamais été considéré comme titulaire au Milan AC, où il s'est contenté de boucher les trous. Difficile saison également pour le gardien de Parme Sébastien FREY (18e et 65 buts encaissés, plus mauvaise défense du Calcio).

En ALLEMAGNE, à Brême, Johan MICOUD n'a pas connu la même réussite que la saison précédente (doublé Coupe-championnat). Brutalement sorti de la C1 par Lyon (3-0, 7-2), il est tout de même parvenu, lors de la dernière journée, à arracher une 3e place synonyme de tour préliminaire de la Ligue des champions. Son équipier Valérien ISMAËL a évidemment partagé le même sort.

En ESPAGNE, et pour la seconde saison d'affilée, Zinedine ZIDANE a fait chou blanc avec un Real Madrid battu à plates coutures sur tous les tableaux. Le meneur de jeu français a toutefois échappé à la critique tant son génie du jeu fait encore merveille. En attendant, à 32 ans, et compte tenu de sa dimension, son palmarès en club demeure plutôt maigrelet. ▶

Anders Frisk, blessé à la tête lors de Roma-Dynamo Kiev en C1.

SEPTEMBRE 2004

• À Beauvais, en match qualificatif pour l'Euro espoirs, la France bat Israël (1-0, but de Le Tallec)

• Lors de la première journée de qualification au Mondial 2006, la Grèce, champion d'Europe en titre, est battue par l'Albanie (2-1).

• À Blois, en match amical, l'équipe de France espoirs et la Slovaquie font match nul (1-1, but de Ribéry).

• Pour son entrée en Ligue des champions, le Real chute lourdement (3-0) à Leverkusen. L'entraîneur José Camacho est remplacé par Mariano Garcia Remon.

• Blessé à la tête par un objet lancé des tribunes, l'arbitre suédois Anders Frisk met un terme à la mi-temps au match de C1 Roma-Dynamo Kiev. La Roma disputera deux matches à huis clos.

• Décès, à 69 ans, de Brian Clough, manager de Nottingham Forest champion d'Europe en 1979 et 1980.

• À Dijon, en match qualificatif pour l'Euro féminin, la Russie écrase la France (5-2).

OCTOBRE 2004

• Youri Djorkaeff, 36 ans, signe un contrat de trois mois en faveur de Blackburn.

• À Troyes, en match qualificatif pour l'Euro espoirs, la France bat l'Eire (1-0, but de Drouin).

• En match qualificatif pour le Mondial 2006, le Portugal est tenu en échec (2-2) par le Liechtenstein.

• Marcel Desailly signe au club qatari d'Al Gharaga entraîné par Bruno Metsu.

• Décès, à 90 ans, de l'ancien capitaine de l'équipe de France Oscar Heisserer (26 sélections). Il avait égalisé lors du premier match nul de l'équipe de France en Angleterre, à Wembley (2-2) en 1945.

• En match qualificatif pour l'Euro espoirs, l'équipe de France s'impose à Chypre (1-0, but de Bergougnoux).

• Manchester United met un terme (2-0) à la série d'invincibilité d'Arsenal en Premier League (49 matches).

• Djibril Cissé est victime d'une double fracture tibia-péroné lors du match de championnat Blackburn-Liverpool.

Oscar Heisserer, 26 fois international, est mort à 90 ans.

À Blackburn, Cissé est victime d'une double fracture tibia-péroné.

NOVEMBRE 2004

• Jacques Santini quitte ses fonctions de manager de l'équipe anglaise de Tottenham.

• À Sète, en match amical, l'équipe de France espoirs domine les Pays-Bas (3-0, un but de Gigliotti, deux buts de Bergougnoux).

• À Bangkok (Thaïlande), l'équipe d'Allemagne remporte le championnat du monde féminin des moins de 19 ans en battant la Chine (2-0) en finale.

DÉCEMBRE 2004

• Décès, à 83 ans, de l'entraîneur belge Raymond Goethals. Il avait notamment conduit l'OM à la victoire en Ligue des champions en 1993.
• Canal+ obtient l'intégralité des droits télé de la L1 pour la période 2005-2008 contre 600 millions d'euros par saison.
• À Yokohama (Japon), Porto remporte la Coupe intercontinentale en battant les Colombiens de Once Caldas (0-0, 8 tab 7).
• L'Ukrainien du Milan AC Andreï Chevtchenko est sacré 49e Ballon d'Or de *France Football*. Il devance Deco, Ronaldinho et Henry.
• Lors de la 19e journée du championnat de L2, Troyes et Châteauroux se séparent sur le score inhabituel de 5-5.
• L'entraîneur brésilien Wenderlei Luxemburgo remplace Mariano Garcia Remon à la tête du Real Madrid.

JANVIER 2005

• L'international français Jean-Alain Boumsong quitte les Glasgow Rangers pour Newcastle.
• À Madrid, 70 000 personnes assistent aux six dernières minutes du match Real-Real Sociedad interrompu un mois plus tôt. Zinedine Zidane marque le but vainqueur sur penalty (2-1).
• Le Portugais Artur Jorge devient sélectionneur de l'équipe du Cameroun avec Yannick Noah comme conseiller.
• L'Espagnol Fernando Morientes quitte le Real pour Liverpool.
• L'international français Emmanuel Petit (63 sélections, 6 buts) met un terme à sa carrière à l'âge de 34 ans. Il est le 7e champion du monde 1998 retraité.
• Nicolas Anelka est transféré de Manchester City au Fenerbahçe d'Istanbul en échange de 12 millions d'euros.
• L'international français Christophe Dugarry (55 sélections, 8 buts) met un terme à sa carrière à l'âge de 32 ans. Il est le 8e champion du monde 1998 retraité.

En haut à droite : vainqueur de la C1 en 1993 avec l'OM, Raymond Goethals s'éteint en décembre.
En haut à gauche : l'Ukrainien Chevtchenko est Ballon d'Or.
En bas à gauche et à droite : Christophe Dugarry et Emmanuel Petit mettent un terme à leur carrière.

FAITS DIVERS

FÉVRIER 2005

• À La Roche-sur-Yon, en match amical, l'équipe de France espoirs et la Suède font match nul (1-1, but de Briand).

• Jean-Pierre Escalettes, 69 ans, remplace Claude Simonet à la tête de la Fédération française de football.

• Le Servette de Genève est mis en faillite. Son équipe professionnelle est dissoute. En 115 ans d'existence, le club suisse n'avait jamais été relégué.

• Le défenseur français de la Roma Philippe Mexès est suspendu six semaines par le Tribunal arbitral du sport pour « rupture unilatérale de contrat » lors de son départ d'Auxerre.

• Youri Djorkaeff, 36 ans, signe aux MetroStars de New York.

• Décès, à l'âge de 69 ans, de l'Argentin d'origine italienne Omar Sivori, Ballon d'Or 1961.

• Décès, à l'âge de 78 ans, de l'ancien international Thadée Cisowski (13 sélections, 11 buts, dont 5 contre la Belgique en 1956, record en cours sous le maillot bleu).

• Chelsea remporte la Coupe de la Ligue en battant Liverpool en finale (3-2, a.p.). Didier Drogba inscrit le deuxième but.

MARS 2005

• Décès, à l'âge de 77 ans, de l'entraîneur hollandais Rinus Michels, inventeur du « football total », vainqueur de la Coupe d'Europe avec Ajax en 1971 et champion d'Europe avec les Pays-Bas en 1988.

• L'ancienne star de Liverpool Kevin Keegan, 54 ans, est licencié de son poste de manager de Manchester City.

• Victime de menaces de mort après le match de C1 Barcelone-Chelsea, à l'issue duquel José Mourinho l'a accusé d'avoir favorisé le Barça, l'arbitre suédois Anders Frisk, 41 ans, met un terme à sa carrière. L'entraîneur de Chelsea sera suspendu pour deux matches de C1.

• Michel Platini annonce sa candidature à la présidence de l'Union européenne de football.

• À Troyes, en match qualificatif pour l'Euro espoirs, la France et la Suisse font match nul (1-1, but de Faubert).

• À Herzlya, en match qualificatif pour l'Euro espoirs, la France s'incline contre Israël (3-2, buts de Mathieu et Zubar).

AVRIL 2005

• Décès, à l'âge de 85 ans, de l'ancien international Kader Firoud (6 sélections). Entraîneur à Nîmes, Toulouse et Montpellier, il avait « disputé » 782 matches de D1 sur le banc, record battu depuis par Guy Roux.
• À San Siro, le quart de finale retour de C1 entre l'Inter Milan et le Milan AC est interrompu à un quart de la fin à la suite de jets de fumigènes, dont l'un atteint le gardien du Milan, Dida. L'Inter devra disputer quatre matches européens à huis clos.
• Le PSV Eindhoven est sacré champion des Pays-Bas à quatre journées de la fin.
• Lors du match de championnat Real-Villareal, Zinedine Zidane est expulsé pour la 13e fois de sa carrière.
• Le Bayern Munich est sacré champion d'Allemagne pour la 19e fois de son histoire et la 6e en dix ans.
• Chelsea est sacré champion d'Angleterre pour la première fois depuis cinquante ans. Il s'agit du 7e titre en deux ans pour son entraîneur José Mourinho.

MAI 2005

• Nancy (champion de L2), Le Mans et Troyes montent en L1.
• Le milliardaire américain Malcom Glazer, 76 ans, devient propriétaire de Manchester United, ce qui provoque une fronde des supporters.
• Barcelone est sacré champion d'Espagne pour la première fois depuis 1999.
• Valenciennes est sacré champion de France de National.
• À Lisbonne, le CSKA Moscou remporte la Coupe de l'UEFA en battant en finale le Sporting Portugal (3-1, buts de Berezovski, Jirkov et Vagner Love, sur trois passes décisives de Carvalho).

Page précédente.
En haut: Jean-Pierre Escalettes est le nouveau président de la Fédération française.
Au milieu: Djorkaeff ou l'art de rebondir. Le champion du monde tente l'aventure aux États-Unis.
En bas: Michel Platini brigue la présidence de l'UEFA.

En haut: Inter-Milan, quart de finale de C1 interrompu par des jets de fumigènes.
En bas: le CSKA Moscou s'impose à Lisbonne en finale de la Coupe UEFA.

GROUPE H

Saint-Pétersbourg (RUS) - AEK Athènes (GRE) 5 - 1
Aix-la-Chapelle (ALL) - Lille (FRA) 1 - 0
Lille (FRA) - Saint-Pétersbourg (RUS) 2 - 1
FC Séville (ESP) - Aix-la-Chapelle (ALL) 2 - 0
Saint-Pétersbourg (RUS) - FC Séville (ESP) 1 - 1
AEK Athènes (GRE) - Lille (FRA) 1 - 2
FC Séville (ESP) - AEK Athènes (GRE) 3 - 2
Aix-la-Chapelle (ALL) - Saint-Pétersbourg (RUS) 2 - 2
AEK Athènes (GRE) - Aix-la-Chapelle (ALL) 0 - 2
Lille (FRA) - FC Séville (ESP) 1 - 0

Classement	Pts	J	G	N	P	bp	bc	dif
1. Lille	9	4	3	0	1	5	3	+2
2. FC Séville	7	4	2	1	1	6	4	+2
3. Aix-la-Chapelle	7	4	2	1	1	5	4	+1
4. Saint-Pétersbourg	5	4	1	2	1	9	6	+3
5. AEK Athènes	0	4	0	0	4	4	12	-8

Les 3 premiers de chaque groupe qualifiés pour les 16es de finale.

SEIZIÈMES DE FINALE

Partizan Belgrade - Dniepropetrovsk 2-2 et 1-0
Shakhtar Donetsk - Schalke 04 1-1 et 1-0
Alkmaar - Aix-la-Chapelle 0-0 et 2-1
Steaua Bucarest - Valence CF 0-2 et 2-0 a.p (4 tab à 3)
Olympiakos - Sochaux 1-0 et 1-0
Parme - Stuttgart 0-0 et 2-0 a.p.
Newcastle - Heerenveen 2-1 et 2-1
Sporting Portugal - Feyenoord Rotterdam 2-1 et 2-1
Auxerre - Ajax Amsterdam 0-1 et 3-1
Saragosse - Fenerbahçe 1-0 et 2-1
Lille - FC Bâle 0-0 et 2-0
Middlesbrough - Graz AK 2-2 et 2-1
CSKA Moscou - Benfica 2-0 et 1-1
FC Séville - Panathinaïkos Athènes 0-1 et 2-0
Villarreal - Dynamo Kiev 0-0 et 2-0
Austria Vienne - Athletic Bilbao 0-0 et 2-1

HUITIÈMES DE FINALE

Newcastle - Olympiakos 3-1 4-0
Alkmaar - Shakhtar Donetsk 3-1 et 2-1
CSKA Moscou - Partizan Belgrade 1-1 et 2-0
Sporting Portugal - Middlesbrough 3-2 et 1-0
Parme - FC Séville 0-0 et 1-0
Auxerre - Lille 1-0 et 0-0
Austria Vienne - Saragosse 1-1 et 2-2
Villarreal - Steaua Bucarest 0-0 et 2-0

QUARTS DE FINALE

Alkmaar - Villarreal 2-1 et 1-1
CSKA Moscou - Auxerre 4-0 et 0-2
Parme - Austria Vienne 1-1 et 0-0
Sporting Portugal - Newcastle 0-1 et 4-1

DEMI-FINALES

CSKA Moscou - Parme 0-0 et 3-0
Sporting Portugal - AZ Alkmaar 2-1 et 2-1

FINALE

Le 18 mai, à Lisbonne
CSKA Moscou bat Sporting Portugal 3-1 (1-0)
51 000 spectateurs
Arbitre : M. Poll (ENG)
Buts : A. Berezutsky (56e), Zhirkov (66e), Vagner Love (75e) pour CSKA Moscou, Rogerio (29e) pour Sporting Portugal
Les équipes :
CSKA MOSCOU : Akinfeev - V. Berezutsky, Ignashevich (cap), A. Berezutsky - Odiah, Aldonin puis Gusev (86), Rahimic, Zhirkov - D. Carvalho puis Semberas (82) - Vagner Love, Olic puis Krasic (68)
SPORTING PORTUGAL : Ricardo - Miguel Garcia, Enakarhire, Beto, Tello - Rogerio puis Douala (80), Rochemback, Joao Moutinho, Barbosa (cap) - Liedson, Sa Pinto puis Niculae (72)

LIGUE DES CHAMPIONS

PREMIER TOUR

GROUPE A

Deportivo La Corogne - Olympiakos	0 - 0
Liverpool - Monaco	2 - 0
Monaco - Deportivo La Corogne	2 - 0
Olympiakos - Liverpool	1 - 0
Liverpool - Deportivo La Corogne	0 - 0
Monaco - Olympiakos	2 - 1
Deportivo La Corogne - Liverpool	0 - 1
Olympiakos - Monaco	1 - 0
Monaco - Liverpool	1 - 0
Olympiakos - Deportivo La Corogne	1 - 0
Deportivo La Corogne - Monaco	0 - 5
Liverpool - Olympiakos	3 - 1

Classement	Pts	J	G	N	P	bp	bc	dif
1. Monaco	12	6	4	0	2	10	4	+6
2. Liverpool	10	6	3	1	2	6	3	+3
3. Olympiakos	10	6	3	1	2	5	5	0
4. Deportivo La Corogne	2	6	0	2	4	0	9	-9

Monaco et Liverpool qualifiés pour les 8es de finale. Olympiakos en Coupe de l'UEFA

Le 15 septembre, à Liverpool
Liverpool bat Monaco 2-0 (1-0)
33 517 spectateurs
Arbitre : M. Hauge (NOR)
But : D. Cissé (22e), Baros (84e)
Les équipes :
LIVERPOOL : Dudek - Josemi, Carragher, Hyypia, Riise - Finnan, Xabi Alonso, Gerrard, Kewell puis Warnock (77e) - Luis Garcia puis Biscan (87e), D. Cissé puis Baros (69e)
MONACO : Roma - Maicon, Squillaci, Rodriguez, Givet puis El Fakiri (80e), Evra puis Camara (46e) - Perez puis Juan (89e), Zikos, P. Farnerud - Kallon, Adebayor

Le 28 septembre, à Monaco
Monaco bat La Corogne 2-0 (2-0)
13 673 spectateurs
Arbitre : M. Farina (ITA)
But : Kallon (5e), Saviola (10e)
Les équipes :
MONACO : Roma - Maicon, Squillaci, Rodriguez (cap), Givet - Farnerud, Zikos puis Perez (58e), Evra puis Modesto (85e) - Kallon - Saviola, Adebayor puis Chevanton (78e)
LA COROGNE : Molina - Capdevila, Andrade, Pablo Amo, Manuel Pablo - Sergio puis Scaloni (46e), Duscher - Fran (cap) puis Munitis (63e), Valeron, Victor - Pandiani puis Luque (56e)

Le 19 octobre, à Monaco
Monaco bat Olympiakos Le Pirée 2-1 (2-0)
16 000 spectateurs
Arbitre : M. Wegereef (PPS)
But : Saviola (3e), Chevanton (10e) pour Monaco, Okkas (60e) pour Olympiakos
Les équipes :
MONACO : Roma - Maicon, Squillaci, Rodriguez (cap), Evra - Bernardi puis Farnerud (78e), Zikos - Chevanton puis Perez (53e), Kallon, Saviola puis Plasil (74e) - Adebayor
OLYMPIAKOS : Nikopolidis (cap, 46) - Mavrogenidis, Anatolakis, Schürrer, Venetidis - Rivaldo, Kafes puis Castillo (77e), Stoltidis, Georgatos (cap) puis Maric (46e) - Giovanni puis Georgiadis (57e) - Okkas

Le 3 novembre, à Athènes
Olympiakos Le Pirée bat Monaco 1-0 (0-0)
33 353 spectateurs
Arbitre : M. Merk (ALL)
But : Schürrer (84e)
Les équipes :
OLYMPIAKOS : Nikopolidis - Mavrogenidis (cap) puis Georgatos (70e), Anatolakis, Schürrer, Pantos - Rivaldo, Kafes, Stoltidis, Djordjevic puis Castillo (65e) - Giovanni puis Maric (65e) - Okkas
MONACO : Roma - Givet, Squillaci, Rodriguez (cap), Evra - Plasil, Zikos, Bernardi puis Perez (81e) - Kallon puis Farnerud (61e) - Adebayor puis Chevanton (73e), Saviola

Le 23 novembre, à Monaco
Monaco bat Liverpool 1-0 (0-0)
18 500 spectateurs
Arbitre : M. Bo Larsen (DAN)
But : Saviola (55e)
Les équipes :
MONACO : Roma - Maicon, Squillaci, Givet, Evra - Plasil, Farnerud puis Modesto (79e), Zikos - Saviola puis Adebayor (74e), Nonda, Chevanton puis Perez (68e)
LIVERPOOL : Kirkland - Finnan, Carragher, Hyypia, Traoré puis Kewell (59e) - Biscan, Hamann, Gerrard, Riise - Luis Garcia puis Josemi (5e) puis Warnock (63e), Mellor

Le 8 décembre, à La Corogne
Monaco bat La Corogne 5-0 (3-0)
10 000 spectateurs
Arbitre : M. Baskakov (RUS)
But : Chevanton (22e), Givet (37e), Saviola (39e), Maicon (55e), Adebayor (76e)
Les équipes :
LA COROGNE : Munua - Hector, Pablo Amo, Andrade, Capdevila - Scaloni, Duscher puis Changui (80) - Victor puis Valeron (63), Fran puis Luque (63), Munitis - Pandiani
MONACO : Roma - Maicon, Squillaci, Modesto, Givet - Kallon, Bernardi, Zikos, Evra puis Perez (61e) - Saviola puis Adebayor (69e), Chevanton puis Fanerud (83e)

GROUPE B

Bayer Leverkusen - Real Madrid	3 - 0
AS Rome - Dynamo Kiev	0 - 3
Dynamo Kiev - Bayer Leverkusen	4 - 2
Real Madrid - AS Rome	4 - 2
Bayer Leverkusen - AS Rome	3 - 1
Real Madrid - Dynamo Kiev	1 - 0
Dynamo Kiev - Real Madrid	2 - 2
AS Rome - Bayer Leverkusen	1 - 1
Dynamo Kiev - AS Rome	2 - 0
Real Madrid - Bayer Leverkusen	1 - 1
Bayer Leverkusen - Dynamo Kiev	3 - 0
AS Rome - Real Madrid	0 - 3

Classement	Pts	J	G	N	P	bp	bc	dif
1. Bayer Leverkusen	11	6	3	2	1	13	7	+6
2. Real Madrid	11	6	3	2	1	11	8	+3
3. Dynamo Kiev	10	6	3	1	2	11	8	+3
4. AS Rome	1	6	0	1	5	4	16	-12

Bayer Leverkusen et Real Madrid qualifiés pour les 8es de finale. Dynamo Kiev en Coupe de l'UEFA

GROUPE C

Ajax Amsterdam - Juventus	0 - 1
Maccabi Tel-Aviv - Bayern Munich	0 - 1
Bayern Munich - Ajax Amsterdam	4 - 0
Juventus - Maccabi Tel-Aviv	1 - 0
Ajax Amsterdam - Maccabi Tel-Aviv	3 - 0
Juventus - Bayern Munich	1 - 0
Bayern Munich - Juventus	0 - 1
Maccabi Tel-Aviv - Ajax Amsterdam	2 - 1
Bayern Munich - Maccabi Tel-Aviv	5 - 1
Juventus - Ajax Amsterdam	1 - 0
Ajax Amsterdam - Bayern Munich	2 - 2
Maccabi Tel-Aviv - Juventus	1 - 1

Classement	Pts	J	G	N	P	bp	bc	dif
1. Juventus	16	6	5	1	0	6	1	+5
2. Bayern Munich	10	6	3	1	2	12	5	+7
3. Ajax Amsterdam	4	6	1	1	4	6	10	-4
4. Maccabi Tel-Aviv	4	6	1	1	4	4	12	-8

Juventus et Bayern Munich qualifiés pour les 8es de finale. Ajax Amsterdam en Coupe de l'UEFA

GROUPE D

Fenerbahçe - Sparta Prague	1 - 0
Lyon - Manchester United	2 - 2
Manchester United - Fenerbahçe	6 - 2
Sparta Prague - Lyon	1 - 2
Fenerbahçe - Lyon	1 - 3
Sparta Prague - Manchester United	0 - 0
Lyon - Fenerbahçe	4 - 2
Manchester United - Sparta Prague	4 - 1
Manchester United - Lyon	2 - 1
Sparta Prague - Fenerbahçe	0 - 1
Fenerbahçe - Manchester United	3 - 0
Lyon - Sparta Prague	5 - 0

Classement	Pts	J	G	N	P	bp	bc	dif
1. Lyon	13	6	4	1	1	17	8	+9
2. Manchester United	11	6	3	2	1	14	9	+5
3. Fenerbahçe	9	6	3	0	3	10	13	-3
4. Sparta Prague	1	6	0	1	5	2	13	-11

Lyon et Manchester United qualifiés pour les 8es de finale. Fenerbahçe en Coupe de l'UEFA

Le 15 septembre, à Lyon
Lyon et Manchester United 2-2 (2-0)
39 000 spectateurs
Arbitre : M. Stark (ALL)
Buts : Cris (35e), Frau (45e) pour Lyon, Van Nistelrooy (57, 61) pour Manchester United
Les équipes :
LYON : Coupet - Réveillère, Cris, Caçapa, Abidal - Govou puis Ben Arfa (75e), Essien, Juninho, Malouda - Wiltord puis Clément (88e), Frau puis Nilmar (65e)
MANCHESTER UNITED : Howard - O'Shea puis P. Neville (83e), Brown, Silvestre, Heinze - C. Ronaldo, Keane, Djemba Djemba, Giggs - Scholes, Van Nistelrooy puis Smith (79e)

Le 28 septembre, à Prague
Lyon bat Sparta Prague 2-1 (1-1)
12 050 spectateurs
Arbitre : M. Dauden Ibanez (ESP)
Buts : Jun (7e) pour Sparta Prague, Essien (21e), Wiltord (59e) pour Lyon
Les équipes :
SPARTA PRAGUE : Blazek - Pergl, Kovac, Homola, Cech puis Vorisek (46e) - Poborsky, Sivok, Zelenka puis Baranek (84e), Urbanek - Jun, Pacanda puis Strihavka (61e)
LYON : Coupet - Réveillère, Cris, Caçapa, Berthod - Govou puis Nilmar (86e), Essien, Juninho puis Diatta (85e), Diarra, Malouda - Wiltord puis Frau (74e)

Le 19 octobre, à Istanbul
Lyon bat Fenerbahçe 3-1 (0-0)
55 000 spectateurs
Arbitre : M. Baskakov (RUS)
Buts : Nobre (68e) pour Fenerbahçe, Juninho (55e), Cris (66e), Frau (87e) pour Lyon
Les équipes :
FENERBAHÇE : Rustu - Serkan, Luciano, Servet, Ozat - Deniz puis Yozgatli (46), Marco Aurelio, Alex, Tuncay - Van Hooijdonk, Nobre
LYON : Coupet - Réveillère, Cris, Caçapa, Abidal - Govou puis Frau (85e), Essien, Juninho puis Diatta (79e), Diarra, Malouda - Wiltord puis Nilmar (90e)

Le 3 novembre, à Lyon
Lyon bat Fenerbahçe 4-2 (1-1)
39 000 spectateurs
Arbitre : M. Farina (ITA)
Buts : Essien (22e) Malouda (53e), Nilmar (90e+4, 90e+6) pour Lyon, Selçuk (14e) Tuncay Sanli (73e) pour Fenerbahçe
Exclusion : Servet (76e) pour Fenerbahçe
Les équipes :
LYON : Coupet (Puydebois, 73e) - Réveillère, Diatta, Cris, Abidal - Govou puis Nilmar (70e), Essien, Juninho, Diarra, Malouda - Frau puis Ben Arfa (82e)
FENERBAHÇE : Rustu - Umit Ozat, Servet, Luciano, Deniz - Serkan, Marco Aurelio, Alex puis Van Hooijkonk (89e), Selçuk - Tuncay Sanli puis Fabiano (90e+2), Akin puis Yozgatli (86e)

Le 23 novembre, à Manchester
Manchester United bat Lyon 2-1 (1-1)
68 000 spectateurs
Arbitre : M. Kim Milton Nielsen (DAN)
Buts : G. Neville (19e), Van Nistelrooy (53e) pour Manchester United, Diarra pour Lyon
Les équipes :
MANCHESTER UNITED : Carroll - G. Neville puis Brown (46e), Ferdinand, Silvestre, Heinze - Smith, Keane puis Fortune (90e), Scholes, C. Ronaldo - Rooney, Van Nistelrooy puis Fletcher (72e)
LYON : Puydebois - Réveillère, Diatta, Cris, Berthod - Govou puis Wiltord (60e), Essien, Diarra, Juninho - Frau puis Bergougnoux (72e), Nilmar puis Malouda (72e)

Le 8 décembre, à Lyon
Lyon bat Sparta Prague 5-0 (2-0)
38 571 spectateurs
Arbitre : Konrad Plautz (AUT)
Buts : Essien (7e), Nilmar (19e, 51e), Idangar (83e), Bergougnoux (90e+1)
Les équipes :
LYON : Puydebois - Réveillère, Diatta, Essien, Berthod puis Truchet (81e) - Bergougnoux, Diarra puis Gomez (57e), Clément, Malouda puis Idangar (67e) - Frau, Nilmar
SPARTA PRAGUE : Blazek - Petras, Homola, Kovac, Labant puis Urbanek (28e) - Poborsky, Vorisek, Zelenka, Sivok puis Meduna (65e), Simak - Jun puis Pacanda (80e)

GROUPE E

Arsenal - PSV Eindhoven	1 - 0	Arsenal - Panathinaïkos	1 - 1
Panathinaïkos - Rosenborg	2 - 1	PSV Eindhoven - Rosenborg	1 - 0
PSV Eindhoven - Panathinaïkos	1 - 0	PSV Eindhoven - Arsenal	1 - 1
Rosenborg - Arsenal	1 - 1	Rosenborg - Panathinaïkos	2 - 2
Panathinaïkos - Arsenal	2 - 2	Arsenal - Rosenborg	5 - 1
Rosenborg - PSV Eindhoven	1 - 2	Panathinaïkos - PSV Eindhoven	4 - 1

Classement	Pts	J	G	N	P	bp	bc	dif
1. Arsenal	10	6	2	4	0	11	6	+5
2. PSV Eindhoven	10	6	3	1	2	6	7	-1
3. Panathinaïkos	9	6	2	3	1	11	8	+3
4. Rosenborg	2	6	0	2	4	6	13	-7

Arsenal et PSV Eindhoven qualifiés pour les 8e de finale. Panathinaikos en Coupe de l'UEFA

GROUPE F

Celtic Glasgow - FC Barcelone	1 - 3	FC Barcelone - Milan AC	2 - 1
Shakhtar Donetsk - Milan AC	0 - 1	Celtic Glasgow - Shakhtar Donetsk	1 - 0
FC Barcelone - Shakhtar Donetsk	3 - 0	FC Barcelone - Celtic Glasgow	1 - 1
Milan AC - Celtic Glasgow	3 - 1	Milan AC - Shakhtar Donetsk	4 - 0
Milan AC - FC Barcelone	1 - 0	Celtic Glasgow - Milan AC	0 - 0
Shakhtar Donetsk - Celtic Glasgow	3 - 0	Shakhtar Donetsk - FC Barcelone	2 - 0

Classement	Pts	J	G	N	P	bp	bc	dif
1. Milan AC	13	6	4	1	1	10	3	+7
2. FC Barcelone	10	6	3	1	2	9	6	+3
3. Shakhtar Donetsk	6	6	2	0	4	5	9	-4
4. Celtic Glasgow	5	6	1	2	3	4	10	-6

Milan AC et FC Barcelone qualifiés pour les 8es de finale. Shakhtar Donetsk en Coupe de l'UEFA

GROUPE G

Inter Milan - Werder Brême	2 - 0	Werder Brême - Anderlecht	5 - 1
Valence - Anderlecht	2 - 0	Inter Milan - Valence	0 - 0
Anderlecht - Inter Milan	1 - 3	Anderlecht - Valence	1 - 2
Werder Brême - Valence	2 - 1	Werder Brême - Inter Milan	1 - 1
Anderlecht - Werder Brême	1 - 2	Inter Milan - Anderlecht	3 - 0
Valence - Inter Milan	1 - 5	Valence - Werder Brême	0 - 2

Classement	Pts	J	G	N	P	bp	bc	dif
1. Inter Milan	14	6	4	2	0	14	3	+11
2. Werder Brême	13	6	4	1	1	12	6	+6
3. Valence	7	6	2	1	3	6	10	-4
4. Anderlecht	0	6	0	0	6	4	17	-13

Inter Milan et Werder Brême qualifiés pour les 8es de finale. Valence en Coupe de l'UEFA

GROUPE H

FC Porto - CSKA Moscou	0 - 0	CSKA Moscou - Chelsea	0 - 1
Paris SG - Chelsea	0 - 3	FC Porto - Paris SG	0 - 0
Chelsea - FC Porto	3 - 1	CSKA Moscou - FC Porto	0 - 1
CSKA Moscou - Paris SG	2 - 0	Chelsea - Paris SG	0 - 0
Chelsea - CSKA Moscou	2 - 0	FC Porto - Chelsea	2 - 1
Paris SG - FC Porto	2 - 0	Paris SG - CSKA Moscou	1 - 3

Classement	Pts	J	G	N	P	bp	bc	dif
1. Chelsea	13	6	4	1	1	10	3	+7
2. FC Porto	8	6	2	2	2	4	6	-2
3. CSKA Moscou	7	6	2	1	3	5	5	0
4. Paris SG	5	6	1	2	3	3	8	-5

Chelsea et FC Porto qualifiés pour les 8es de finale. CSKA Moscou en Coupe de l'UEFA

Le 14 septembre, au Parc des Princes
Chelsea bat Paris SG 3-0 (2-0)
44 000 spectateurs
Arbitre : M. Mejuto Gonzalez (ESP)
Buts : Terry (29e), Drogba (45e+2, 76e)
Les équipes :
PARIS SG : Letizi - B. Mendy, Helder, Pierre-Fanfan (cap.), Armand - Ogbeche puis Pancrate (72e), M'Bami, Coridon puis Ljuboja (66e), Cana, Rothen puis Ateba (84e) - Pauleta
CHELSEA : Cech - Paulo Ferreira, Gallas, Terry (cap.), Bridge - Tiago, Makelele, Lampard - J. Cole puis Geremi (70e) - Gudjohnsen puis Kezman (11e), Drogba puis Duff (81e)

Le 29 septembre, à Moscou
CSKA Moscou bat Paris SG 2-0 (0-0)
25 000 spectateurs
Arbitre : M. Busacca (SUI)
Buts : Semak (64e), Vagner Love (77e s.p.)
Les équipes :
CSKA MOSCOU : Akinfeev - Ignashevish (cap), Semberas, A. Berezutskiy - Gusev puis Kiritchenko (70e), Aldonin, Jarosik, Rahimic, Zhirkov - Olic puis Semak (58e), Vagner Love puis V. Berezutskiy (89e)
PARIS SG : Letizi - B. Mendy, Pierre-Fanfan (cap), Helder, Badiane, Armand - E. Cissé puis M'Bami (22e), Cana - Coridon puis Pancrate (75e) - Pauleta, Ljuboja puis Reinaldo (80e)

Le 20 octobre, au Parc des Princes
Paris SG bat FC Porto 2-0 (2-0)
42 000 spectateurs
Arbitre : M. Collina (ITA)
Buts : Coridon (30), Pauleta (31)
Les équipes :
PARIS SG : Letizi - Pichot, Pierre-Fanfan (cap), Yepes, Armand - M'Bami, Cana - Coridon, Reinaldo puis Cissé (73), Rothen puis Boskovic (49) - Pauleta puis Ljuboja (83)
FC PORTO : Vitor Baia - Seitaridis, Jorge Costa (cap) puis Bosingwa (76), Pepe, Ricardo Costa - Costinha puis Quaresma (52) - Diego, Maniche - Carlos Alberto, McCarthy, Derlei puis Helder Postiga (69)

Le 2 novembre, à Porto
FC Porto et Paris SG 0-0
30 210 spectateurs
Arbitre : M. Dougal (ECO)
Les équipes :
FC PORTO : Vitor Baia - Seitaridis, Jorge Costa (cap), Pedro Emanuel, Ricardo Costa - Diego puis Carlos Alberto (64), Bosingwa, Maniche - Quaresma puis Helder Postiga (77), McCarthy puis Almeida (64), Derlei
PARIS SG : Letizi - Pichot, Pierre-Fanfan (cap), Yepes, Armand - M'Bami, Cana - Pancrate, Coridon puis B. Mendy (74), E. Cissé puis Boskovic (86) - Pauleta puis Ljuboja (89)

Le 24 novembre, à Londres
Chelsea et Paris SG 0-0
38 000 spectateurs
Arbitre : M. Temmink (PBS)
Les équipes :
CHELSEA : Cudicini - Johnson, Ricardo Carvalho, Gallas, Bridge - Parker, Smertin, Lampard puis Gudjohnsen (62) - Cole, Kezman puis Drogba (62), Robben puis Duff (46)
PARIS SG : Letizi - Pichot, Pierre-Fanfan, Yepes,

Armand - B. Mendy, Cana, M'Bami, E. Cissé puis Boskovic (83) - Reinaldo puis Coridon (77) - Pauleta puis Pancrate (89)

Le 7 décembre, au Parc des Princes
CSKA Moscou - Paris SG 3-1 (1-1)
41 987 spectateurs
Arbitre : M. Merk (ALL)
Buts : Pancrate (37) pour Paris SG, Semak (28, 64, 70) pour CSKA Moscou
Exclusions : B. Mendy (90+1) pour Paris SG, Semberas (54) pour CSKA Moscou
Les équipes :
PARIS SG : Letizi - Pichot puis Ljuboja (73), Pierre-Fanfan, Yepes, Armand - Coridon puis Boskovic (63), M'Bami puis B. Mendy (7), Cana, E. Cissé - Pancrate, Pauleta
CSKA MOSCOU : Akinfeev - Ignashevich, Semberas, A. Berezutskiy - Gusev, Aldonin puis V. Berezutskiy (58), Jarosik puis Laizans (88), Rahimic, Zhirkov - Semak, Vagner Love.

HUITIÈMES DE FINALE

Chelsea - FC Barcelone	1-2 et 4-2
Milan AC - Manchester United	1-0 et 1-0
Lyon - Werder Brême	3-0 et 7-2
Juventus Turin - Real Madrid	0-1 et 2-0 ap
Liverpool - Bayer Leverkusen	3-1 et 3-1
PSV Eindhoven - Monaco	1-0 et 2-0
Bayern Munich - Arsenal	3-0 et 0-1
Inter Milan - FC Porto	1-1 et 3-1

Le 22 février, à Eindhoven
PSV Eindhoven bat Monaco 1 à 0 (1-0)
32.500 spectateurs
Arbitre : M. Cantalejo (ESP)
But : Alex (8)
Les équipes :
PSV EINDHOVEN : Gomes - Ooijer, Alex, Bouma, Lee - Vogel, Cocu, Van Bommel (cap.) - Park, Vennegoor of Hesselink, Farfan puis Beasley (52)
MONACO : Roma - Maicon, Rodriguez (cap.), Givet, Evra - Kallon, Zikos, Bernardi, Plasil - Saviola, Adebayor puis Nonda (82)

Le 9 mars, à Monaco
PSV Eindhoven bat Monaco 2-0 (1-0)
15.523 spectateurs
Arbitre : M. Bennett (ENG)
Buts : Vennegoor of Hesselink (27), Beasley (69)
Expulsion : Givet (76) pour Monaco
Les équipes :
MONACO : Roma - Maicon, Rodriguez, Givet, Evra - Plasil puis Adebayor (60), Zikos, Bernardi, Kallon - Saviola puis Nonda (72), Chevanton
PSV EINDHOVEN : Gomes - Ooijer, Alex, Bouma, Lee - Van Bommel, Cocu, Vogel - Park, Vennegoor of Hesselink puis Beasley (67), Farfan puis Robert (79)

Le 23 février, à Brême
Lyon bat Werder Brême 3-0 (1-0)
36 923 spectateurs
Arbitre : M. De Bleeckere (BEL)
Buts : Wiltord (8), Diarra (78), Juninho (80)
Les équipes :
WERDER BRÊME : Reinke - Stalteri, Ismaël, Pasanen, Magnin - Ernst, Borowski puis Hunt (61), Jensen, Micoud - Valdez, Klose
LYON : Coupet - Diatta, Cris, Essien, Abidal - Diarra, Juninho, Govou puis Benarfa (88), Malouda - Frau puis Nilmar (63), Wiltord puis Clément (77)

Le 8 mars, à Lyon
Lyon bat Werder Brême 7-2 (3-1)
38 922 spectateurs
Arbitre : M. Ivanov (RUS)
Buts : Wiltord (8, 55, 64), Essien (17, 30), Malouda (60), Berthod (80 pen.) pour Lyon, Micoud (32), Ismaël (58 pen.) pour Werder Brême
Les équipes :
LYON : Coupet - Diatta, Cris puis Clément (62), Abidal, Berthod - Govou puis Frau (73), Diarra, Juninho, Essien, Malouda - Wiltord puis Nilmar (67)
WERDER BRÊME : Reinke - Stalteri puis Davala (77), Ismaël, Pasanen, Magnin - Baumann, Micoud, Ersnt - Klose puis Borowski (46), Valdez, Klasnic puis Fahrenhorst (69)

QUARTS DE FINALE

Chelsea - Bayern Munich	4-2 et 2-3
Milan AC - Inter Milan	2-0 et 1-0
Liverpool - Juventus Turin	2-1 et 0-0
PSV Eindhoven - Lyon	1-1 et 1-1 ap (4 tab à 2)

Le 5 avril, à Lyon
Lyon et PSV Eindhoven 1-1 (1-0)
39 178 spectateurs
Arbitre : M. Collina (ITA)
Buts : Malouda (12) pour Lyon, Cocu (79) pour PSV Eindhoven
Les équipes :
LYON : Coupet - Réveillère, Cris, Caçapa, Abidal - Govou, Essien, Diarra, Juninho, Malouda - Wiltord
PSV EINDHOVEN : Gomes - Ooijer, Alex, Bouma, Lee - Vogel, Van Bommel, Cocu, Park - Farfan puis Beasley (71), Vennegoor of Hesselink

Le 13 avril, à Eindhoven
PSV Eindhoven et Lyon 1-1 (0-1) 4 tab à 2
35 000 spectateurs
Arbitre : M. Nielsen (DAN)
Buts : Alex (50) pour PSV Eindhoven, Wiltord (10) pour Lyon
Tirs au but : Van Bommel, Ooijer, Bouma, Robert pour PSV Eindhoven, Juninho, Ben Arfa pour Lyon
Les équipes :
PSV EINDHOVEN : Gomes - Ooijer, Alex, Bouma, Lee - Vogel, Van Bommel (cap.), Cocu - Farfan puis Robert (85), Vennegoor of Hesselink puis Beasley (57), Park
LYON : Coupet - Réveillère, Cris, Caçapa (cap.), Abidal - Govou puis Ben Arfa (88), Essien, Diarra, Juninho, Malouda - Wiltord puis Nilmar (96)

DEMI-FINALES

Liverpool - Chelsea	0-0 et 1-0
Milan AC - PSV Eindhoven	2-0 et 1-3

FINALE

Le 25 mai, à Istanbul
Liverpool bat Milan AC 3-3 a.p. (0-3) 3 tab à 2
70 000 spectateurs
Arbitre : M. Mejuto Gonzalez (ESP)
Buts : Gerrard (54), Smicer (56), Xabi Alonso (60) pour Liverpool,
Maldini (1), Crespo (39, 44) pour Milan AC
Les équipes :
LIVERPOOL : Dudek - Finnan puis Hamann (46), Carragher, Hyypia, Traoré - Luis Garcia, Xabi Alonso, Gerrard (cap.), Riise - Kewell puis Smicer (23), Baros puis Cissé (85)
MILAN AC : Dida - Cafu, Nesta, Stam, Maldini (cap.) - Gattuso puis Rui Costa (112), Pirlo, Seedorf puis Serginho (86) - Kakà - Shevchenko, Crespo puis Tomasson (85)

LA SAISON DE L'ÉQUIPE DE FRANCE

Le 18 août, à Rennes
France et Bosnie 1-1 (1-1)
26 527 spectateurs
Arbitre : M. McDonald (ECO)
Buts : Luyindula (7) pour la France, Grlic (37) pour la Bosnie
Les équipes :
FRANCE : Barthez (cap.) - Gallas, Squillaci puis Givet (46), Abidal - B. Mendy, Mavuba puis Govou (46), Pedretti, Rothen, Evra puis Pires (46) - Luyindula, Henry puis D.Cissé (46)
BOSNIE : Hasagic - Salihamidzic (86, cap.), Bajic, Barbarez (cap.) puis Sehic (86), Papac - Grlic, Bajramovic puis Grujic (60) - Beslija, Sabic puis Spahic (46), Baljic puis Crnogorac (90+1) - Bolic puis Misimovic (24)

Le 4 septembre, au Stade de France (Mondial-2006)
France et Israël 0-0
43 526 spectateurs
Arbitre : M. Temmink (PBS)
Les équipes :
FRANCE : Coupet - Gallas, Squillaci, Givet - B. Mendy puis Giuly (57), Makelele, Vieira (cap.), Rothen puis Pires (66), Evra - Henry, Saha
ISRAËL : Davidovitch - Afek puis Gazal (71), Saban, Ben Haim, Banado (cap.), Antebi puis Keisi (13) - Katan, Badeer, Tal, Benayoun puis Nimny (80) - Golan

Le 8 septembre, à Torshavn (Mondial-2006)
France bat Iles Féroé 2-0 (1-0)
6 000 spectateurs
Arbitre : M. Thomson (ECO)
Buts : Giuly (32), Cissé (73)
Exclusion : Vieira (55) pour la France
Les équipes :
ILES FÉROÉ : Mikkelsen - Thorsteinsson, Johannesen (cap.), J.R. Jacobsen, Olsen - Borg, Johnsson, Benjaminsen, Jorgensen puis Danielsen (83) - R. Jacobsen puis Flotum (76), Frederiksberg puis J. Petersen (69)
FRANCE : Coupet - Gallas, Squillaci, Givet, Evra - Giuly, Pedretti, Vieira (cap.), Pires - Saha puis Cissé (9), Henry puis Dhorasoo (64)

Le 9 octobre, au Stade de France (Mondial-2006)
France et Eire 0-0
72 000 spectateurs
Arbitre : M. Dauben Ibanez (ESP)
Les équipes :
FRANCE : Barthez (cap.) - Gallas, Squillaci, Givet, M. Silvestre - Wiltord, Mavuba, Dacourt puis A. Diarra (64), Pires - D. Cissé puis Govou (83), Henry
EIRE : Given - Carr, O'Brien, Cunningham (cap.), O'Shea - Finnan, Roy Keane, Kilbane, Duff - Rob. Keane, Morrison puis Reid (41)

Le 13 octobre, à Nicosie (Mondial-2006)
France bat Chypre 2-0 (1-0)
5 000 spectateurs
Arbitre : M. Larsen (DAN)
Buts : Wiltord (38), Henry (72)
Les équipes :
CHYPRE : Panayiotou (cap) - Ilia, Okkarides, Nikolaou puis Lambrou (77), Kakoyiannis, Charalambous - Georgiou (Yiasoumi, 82), Satsias, Charalambidis puis Makridis (56) - Okkas, Konstantinou
FRANCE : Barthez - Gallas, Squillaci, Givet, Silvestre - Wiltord, Vieira (cap), Dacourt puis Diarra (90+1), Pires puis Moreira (46) - Luyindula puis Evra (66), Henry

Le 17 novembre, au Stade de France
France et Pologne 0-0
54 480 spectateurs
Arbitre : M. Benquerença (POR)
Les équipes :
FRANCE : Landreau - Sagnol, Squillaci puis Givet (46), Boumsong, Gallas - Giuly puis Govou (26), Pedretti, Vieira (cap), Malouda puis Evra (46) - Saha puis Meriem (65), Henry
POLOGNE : Dudek - Baszczynski, Hajto (cap) puis Klos (46), Bak (46, cap), Rzasa puis Zewlakow (56) - Kosowski puis Gorawski (90), Kaluzny, Szymkowiak puis Mila (66), Kryznowek puis Radomski (90+3) - Zurawski, Frankowski puis Raziak (82)

Le 9 février, au Stade de France
France et Suède 1-1 (1-1)
56 923 spectateurs
Arbitre : M. Rodriguez Santiago (ESP)
Buts : Trezeguet (35) pour la France, Ljungberg (11) pour la Suède
Les équipes :
FRANCE : Coupet - Zebina puis Abidal (68), Squillaci, Givet, Gallas - Giuly puis Meriem (69), Vieira (cap), Pedretti, Dhorasoo - Henry, Trezeguet.
SUÈDE : Isaksson - Ostlund, Mellberg (cap), Lucic puis Hansson (76), Edman - Wilhelmsson puis A. Andersson (86), Svensson, Linderoth puis D. Andersson (76), Ljungberg puis Alexandersson (46) - Rosenberg, Allback puis Kallstrom (63)

Le 26 mars, au Stade de France (Mondial-2006)
France et Suisse 0-0
79 373 spectateurs
Arbitre : M. de Santis (ITA)
Les équipes :
FRANCE : Barthez - Sagnol, Boumsong, Givet, Gallas - Giuly, Vieira (cap), Pedretti, Dhorasoo puis Meriem (59) - Trezeguet, Wiltord puis Govou (82)
SUISSE : Zuberbuehler - Degen, Senderos, Mueller, Spycher - Gygax puis Henchoz (90+2), Lonfat puis Huggel (28), Cabanas, Vogel (cap), Ziegler puis Magnin (69) - Frei

Le 30 mars, à Tel Aviv (Mondial-2006)
Israël et France 1-1 (0-0)
43 000 spectateurs
Arbitre : M. Merk (ALL)
Buts : Badier (83) pour Israël, Trezeguet (50) pour la France
Exclusion : Trezeguet (57) pour la France
Les équipes :
ISRAEL : Awat - Saban, Ben-Haïm, Gershon, Keisi - Badier, Tal puis Afek (67), Nimni (cap.), Benayoun - Katan, Balili
FRANCE : Barthez - Sagnol, Boumsong, Givet, Gallas - Pedretti, Diarra, Vieira (cap) - Wiltord puis Dhorasoo (90+2), Malouda - Trezeguet

Le 31 mai, à Metz
France bat Hongrie 2 à 1 (2-0)
26 120 spectateurs
Arbitre : M. Allaerts (BEL)
Buts : Cissé (10), Malouda (35) pour la France, Kerekes (79) pour la Hongrie
Les équipes :
FRANCE : Coupet - Réveillère, Gallas puis Squillaci (82), Boumsong (59, cap), Abidal - Dhorasoo puis Mavuba (65), Pedretti, Rothen - Wiltord (cap) puis Govou (59), Malouda - D. Cissé puis Giuly (75)
HONGRIE : Kiraly puis Fulop (46) - Bodnar, Balog, Stark, Vanczak - Gera (cap) puis Toth (46), O. Vincze puis Baranyos (46), G. Vincze puis Takacs (46), Huszti, Hajnal - Szabics puis Kerekes (46)

Tout le **football** avec SOLAR & EUROSPORT

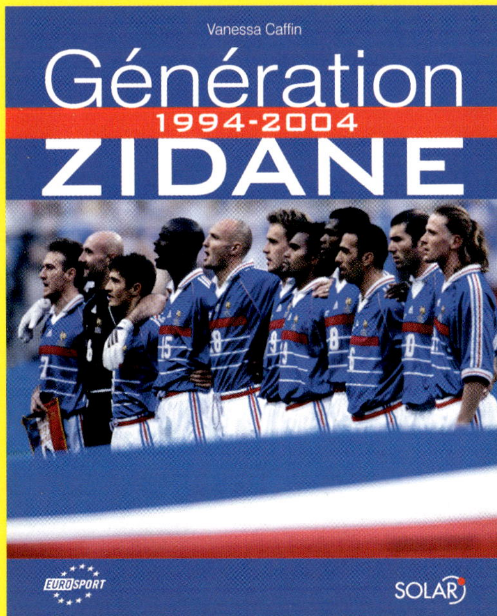

Même absente des stades, la génération Zidane, joyau de l'histoire du football français, reste vivante et admirée.
ISBN 2-263-03871-X
Couverture cartonnée
Format 24 x 29 cm,
120 pages
25 €

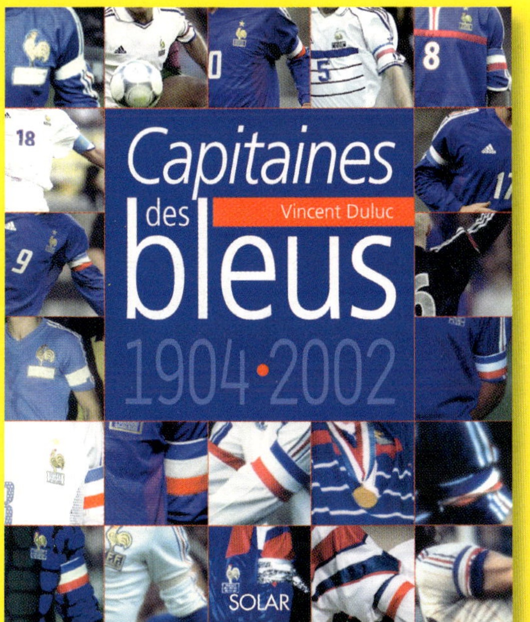

L'histoire du football français à travers les portraits de ses leaders.
ISBN 2-263-03522-2
Couverture cartonnée
Format 24 x 29 cm,
120 pages
25 €

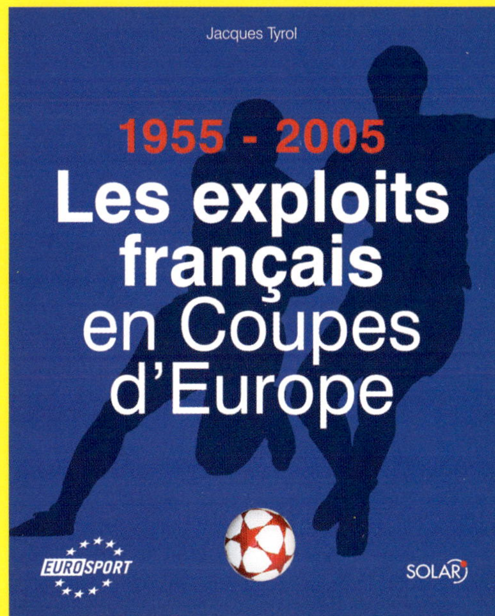

Des pionniers, Kopa et Fontaine à Barthez et Zidane, en passant par Platini, Papin ou Deschamps, tous les Français qui ont enchanté cinquante ans de football européen.
ISBN 2-263-03923-6
Couverture cartonnée
Format 24 x 29 cm,
120 pages
25 €

Revivez tous les moments forts de l'année 2005

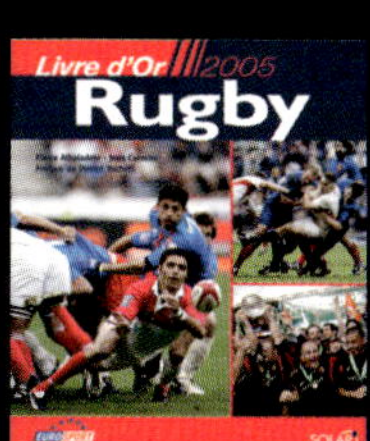

En vente le 25/08/2005
144 pages - 24,90 €

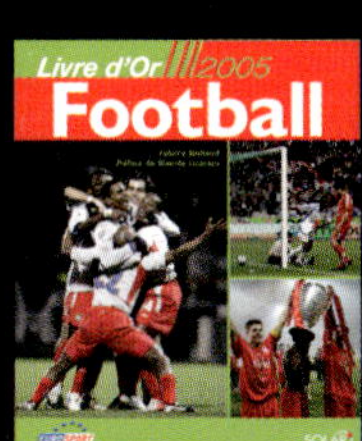

En vente le 01/09/2005
144 pages - 22,90 €

Et aussi :

- **Basket**
- **Voile**
- **Cyclisme**
- **Formule 1**
- **Moto**

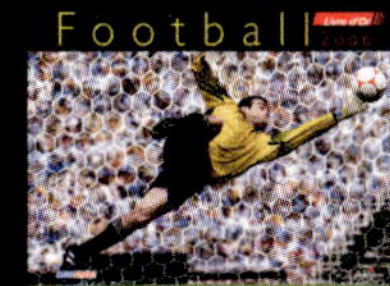

En vente le 01/09/2005
144 pages - 19 €

Livre d'Or 2005